안녕하세요, 한국 독자 여러분!
여러분 모두의 마음속에 '꿈'이라는
희망이 느껴질 수 있게 되길 바랍니다.
자! YUMEKI 스타일로 꿈을 이루는
법 레슨, 시작합니다!

ONE DaNCE

YUMEKI

소미미디어
Somy Media

다케나카 유메키
竹中夢生

년도	나이	일어난 일
1999년 11월 12일	0세	가나가와현 요코하마시 출생.
2011년 7월	11세	어머니 추천으로 에이벡스 아티스트 아카데미에 입소.
2013년 봄	13세	오디션에 합격하여 '슌소쿠 STEPPERS' 멤버가 됨.
2014년 여름	14세	에이벡스 댄스 마스터 오디션에 합격. 'Dream Team'에 들어감.
2015년 봄	15세	중학교 졸업과 동시에 미국으로 단기 댄스 유학.
2015년 여름		고등학교 1학년 여름 방학에 다시 미국으로 단기 댄스 유학.
2016년 4월	16세	댄스를 하기 좋은 환경을 위해 통신 교육 제도 고등학교로 전학. 그 후 일본과 미국을 오가며 댄스를 배움.
2016년 봄		나카소네 리노 팀에서 샤이니의 일본에서의 신곡 〈너 때문에〉의 더미 댄서를 담당.
2017년	17세	Presley Tennant의 이벤트 백댄서로서 인생 첫 무대 일 해냄.
2017년		나카소네 리노 팀에서 샤이니의 일본 투어 안무가 어시스턴트를 경험.
2018년 봄	18세	고등학교 졸업. 중국의 스튜디오 워크숍에 강사로 초청됨. 그 후 일본과 중국을 오가며 생활.
2018년 12월	19세	NCT 텐과 〈Coco Chanel〉의 콜라보 동영상.
2019년		RIEHATA 팀에서 보아, BTS 등의 더미 댄서를 담당.
2019년 2월		1MILLION DANCE STUDIO에 소속.
2019년 8월		한국으로 감.
2019년 9월		안무가 데뷔. SuperM의 〈SuperM Performance Video〉가 공개.
2020년 3월	20세	안무에 참가한 대히트 작품, ITZY의 〈WANNABE〉가 공개.
2020년 5월		EXO 백현의 〈Candy〉 백댄서를 담당.
2022년 8월	22세	출연한 〈스트릿 맨 파이터〉의 방송 스타트.
2023년 10월	23세	댄스 트레이너를 담당한 〈PRODUCE 101 JAPAN THE GIRLS〉의 방송 스타트.
2024년 1월	24세	안무를 담당한 TWS가 데뷔.
2024년 3월		JAM REPUBLIC으로 이적.
2024년 4월		퍼포먼스 디렉터를 담당한 ME:I가 데뷔.
2024년 8월		안무를 담당한 엔하이픈의 〈Brought The Heat Back〉이 공개.
2024년 11월		안무를 담당한 신생 케플러의 〈TIPI-TAP〉이 공개.
2024년 11월	25세	MAMA AWARDS에서 에스파의 스테이지 안무를 담당.

그 외, 한국(샤이니, NCT 127, 더보이즈, 제로베이스원), 일본(초특급, M!LK, MAZZEL) 등 100여 곡의 안무 담당

2025년 2월 현재

시작하는 말

지금으로부터 14년 전. 초등학교 저학년인 조그만 아이들이 날렵하게 춤추는 댄스 교실의 가장 뒷줄에 머리 하나가 더 크고 움직임이 특히 둔한 초보 소년이 있었습니다.

그로부터 8년 후, 그는 19세. BTS의 더미 댄서를 맡았고, 한국 No.1 댄스 스튜디오의 강사가 되었습니다. 그리고 25세가 된 지금은 일본과 한국의 유명 아이돌의 곡에 안무가로서 참여하여, 화려하게 데뷔하는 K-POP 아이돌을 지도하고 세계에서 주목받는 음악 시상식의 스테이지를 맡고 있습니다.

그런 그가 바로 저, YUMEKI입니다.

직업은 안무가. 일본과 한국을 중심으로 댄스라는 필드에서 세계를 무대로 활동하고 있습니다.

맞습니다, 저의 댄스 경력은 14년. 지금은 2세, 3세 때부터 댄스를 시작하는 아이도 적지 않지만 시작하고 몇 년 만에 BTS의 더미 댄서를 맡고 10년 만에 세계를 향하는 일을 맡게 되었습니다.

그런 저를 사람들은 '천재'라 할지도 모르고 '그저 운이 좋은 사람'이라고 할지도 모릅니다. 스스로도 분명 '많은 것을 가졌다'라고 생각할 때는 많습니다만, 결코 '천재'는 아닙니다. 다만 한 가지 자신을 갖고 말할 수 있는 것은,

"꿈을 이루기 위해 계속 도전하고 있다."

라는 것. YUMEKI의 본명은 '유메키(夢生)'. 이름의 뜻처럼 꿈을 위해 살고 있습니다.

앞으로 꿈을 이루고 싶은 사람, 꿈을 실현하기 위해 뛰고 있는 사람, 꿈 따윈 포기한 사람, 꿈에 좌절한 사람…… 세상 사람들은 저마다 다르게 살고 있고 다양한 형태로 꿈과 마주하는 방법이 있을 터입니다.

이 책을 통해 그러한 여러분 모두의 마음속에 '꿈'이라는 희망이 느껴질 수 있게 되기를 바랍니다.

자! YUMEKI 스타일로 꿈을 이루는 법 레슨, 시작합니다!

목차
다케나카 유메키 연보 009
시작하는 말 010

제1장

일본을 석권! <PRODUCE 101 JAPAN THE GIRLS>로 화제가 된 댄스 트레이너 019

<PRODUCE 101 JAPAN THE GIRLS>에 내가 나간다고?! 020
연습생 수준은 기대의 반 이하 024
그 '노려봄'의 정체는? 028
중요한 것은 캐릭터 031
감정이 움직일 때 사람은 빛난다 037
나카소네 리노라는 유일무이 039
<LEAP HIGH! ~내일로, 힘차게~> 안무 비화 042
인상적이었던 <RUN RUN>의 스테이지 045
모두가 데뷔에 어울리는 멤버 047

제2장

늦게 시작된 댄스 인생 055

텔레비전 속 아이돌을 동경하여 056
인생에서 처음으로 느낀 '하고 싶다!'라는 감정 059
나만 몸이 큰 거 아냐? 062
중학생 시절의 청춘을 댄스에 바친다 064
막대처럼 우뚝 서 있다가 끝난 오디션도 066
댄스를 시작하고 1년 만에 유닛에 발탁 068

제3장

미국에서 댄스 무사 수행 075

본고장에서 뼈저리게 느낀 자신의 낮은 수준 076
댄스에 집중하려고 고등학교를 전학 079
피부로 느낀 일본과 미국 댄스 각각의 장점 081
일본에서의 홈그라운드는 시부야의 미야시타 공원 086
인생 첫 일 088

제4장
YUMEKI, 코레오(choreo)를 만나다 093

코레오그래피(choreography)란　094
YUMEKI 스타일로 음악을 받아들이는 방식　097
나카소네 리노 님과의 만남　100
RIEHATA 님과의 만남　105
YUMEKI의 코레오그래피론　109

제5장
프로로서 첫걸음은 중국에서 117

활동의 장을 중국으로　118
이 기회를 결과물로 만들기 위해　120
중국의 댄스 상황에 경악　123
NCT 텐 군과의 만남　127
중국에서 배운 '가르친다'라는 일　129

제6장

한국의 명문 '1MILLION DANCE STUDIO'에 소속 135

한국 여행 중에 유명인과 갑자기 콜라보 동영상을 136
'1MILLION DANCE STUDIO'라는 브랜드 138
한국의 증명하는 문화에 압도되어 141
처음 갖게 된 안무가라는 직업 145
아직 한참 더 배우고 싶은 마음 147
코로나19로 수입의 90% 감소 150
EXO 백현 님의 백댄서로 153
'단체'를 중시하는 한국의 댄스계 156

제7장

<스트릿 맨 파이터>로 맛본 인생 최대의 좌절 163

가득 찬 의욕으로 임했던 <스맨파> 164
반년에 걸친 촬영으로 심신이 도려내어지고 168
아티스트의 시선을 배우다 173

제8장

코레오그래퍼로서 179

퍼포먼스 디렉터라는 존재 180
데뷔하는 ME:I에게 전한 말 183
데뷔하는 사람과 못 하는 사람의 결정적인 차이는 187
안무는 '내려오는 것' 190
안무를 작업한 ITZY의 <WANNABE>가 대히트 194
댄스가 이어준 엔하이픈 니키와의 재회 198
데뷔를 도와주는 일 202
목표는 세계 205

YUMEKI's HISTORY

- <PRODUCE 101 JAPAN THE GIRLS> 편 052
- 유소년기 편 072
- 댄스 입문기 편 090
- 청춘 댄스 친구 편 114
- 나카소네 리노 편 132
- 한국 편 160
- <스트릿 맨 파이터> 편 176
- 데뷔 아티스트 편 208

YUMEKI에게 50개 질문 210

끝맺는 말 214

ONE DANCE

제1장

일본을 석권!
<PRODUCE 101 JAPAN
THE GIRLS>로
화제가 된 댄스 트레이너

제 1 화
일본을 석권!
<PRODUCE 101 JAPAN THE GIRLS>로
화제가 된 댄스 트레이너

<PRODUCE 101 JAPAN THE GIRL>에 내가 나간다고?!

이 책을 집어 든 많은 분의 경우 저를 알게 된 계기가 된 것은 〈PRODUCE 101 JAPAN THE GIRLS〉였을 것 같습니다.

저에게 출연 의뢰가 온 것은 2023년 초의 일. 그 직전까지 댄스 서바이벌 프로그램 〈스트릿 맨 파이터(이하, 스맨파)〉의 배틀에 참여하는 멤버로 출연했습니다. 그 프로그램을 한국의 대형 엔터테인먼트 기업인 CJ ENM 산하의 Mnet이 제작한 게 인연이 되어, 그 제작 스태프로부터 갑자기 연락을 받은 것이지요.

"YUMEKI 님, 일본판 〈PRODUCE 101 JAPAN〉의 시즌 3이 있는데 출연하지 않겠어요?"

〈PRODUCE 101〉이라고 하면 한국의 국민적인 아이돌 오디션 프로그램. 101명의 연습생 중에서 11명의 데뷔 팀을 정해 나가는 것인데, 시청자 투표 형태, 서바이벌 형식인 것이 특징입니다.

그 말을 들은 저는,

"모처럼 제안을 주셨지만, 아이돌 연습생으로서의 오디션은 거절하겠습니다."

하며 고개를 숙였습니다. 왜냐하면 제7장에서도 자세하게 이야기 하겠지만, 〈스맨파〉 촬영 기간이 내 인생에서 가장 처절하게 피폐해 진 시기였고, 그로부터 불과 3개월 정도 뒤에 온 연락이었기도 하여 솔직히 회복된 상태가 아니었기 때문이지요. 몹시 가혹한 서바이벌 에 다시 참여할 마음 같은 건 생기지 않았어요. 그런 이유가 있어서 〈스맨파〉 출연 중에 연습생으로서 출연 제안이 들어왔던 〈보이즈플 래닛〉도 거절했었습니다. 그래서 솔직히 '또야' 싶었어요. 고마운 일 이지만 어째서 연습생으로서의 제안만…… 이라는 기분이 들기 시 작했던 무렵이었습니다.

"아닙니다, 트레이너 쪽이에요! 기본적으로 오디션은 여자 연습생 대상이고요(웃음)" 이라네요! "착각해서 창피하다"라는 감정을 뛰어 넘어서, 놀라 자빠졌어요. 아니, 오디션 프로그램의 트레이너라는 건 한국에서도 대가들이 하는 것인데. 프로로서 아무리 짧다 해도 10 년 이상의 경력이 있고, 그 길에서 인정받은 사람만이 제안을 받을 수 있다고 들었는데 이렇게 풋내기인 나로서는 보면 구름 위의 일인 겁니다. 그래서 냉정하게 생각해 댄스를 약간 가르치는 정도의 감추 어진 역할일까 생각했는데, 이야기를 잘 들어 보니 제가 지금까지 수 많은 오디션 프로그램에서 보아 온 댄스 트레이너들과 같은 포지션 이라는 것 아니겠습니까! 주저하지 않고 "하겠습니다"하고 바로 대

제1화
일본을 석권!
<PRODUCE 101 JAPAN THE GIRLS>로
화제가 된 댄스 트레이너

답했습니다. 사실 그 당시의 목표는 우연히도 '오디션 프로그램의 심사원이나 트레이너'가 되는 것이었거든요. 이런 꿈 같은 운명적 만남은 잘 없잖아요. 스케줄? 하나도 확인하지 않았습니다. 그냥 들은 순간 하겠다고 결심했으니까요.

원래부터 오디션 프로그램을 좋아하고 한국 것도 일본 것도 종종 보았습니다. 특히 <PRODUCE 101>은 아주 빠져들어서 보기도 했고, 일본판이 방송된다고 들었을 때는 놀라서 한국에서 방송된 것을 나중에 전부 시청했습니다. 그래서 저에게는 더 바랄 것도 없는 찬스. 거절할 이유 따위 하나도 없었지요.

나중에 어째서 나를 트레이너로 발탁해 주었는지 물어보았습니다. 그러자 <스맨파>에서 보인 저의 개성이나 한국에 있는 일본인이라는 배경에 흥미를 느꼈기 때문이라고. 하지만 당연히 제작진 중에는 "베테랑에게 의뢰하지 않아도 되는가?"라며 반대하는 사람도 있었다고 하더군요. 그런데 프로듀서는 실적이 있는 프로그램이지만 이번에는 지금까지 본 적 없는 프로그램으로 만들고 싶다는 뜻을 강하게 품고 있었다고 하지요. 그래서 댄스 트레이너로는 한국에서 활동하면서 주목받고 있는 사람을 기용하고, K-POP에 동경을 품고 있는 젊은 연습생들에게 일본에서는 할 수 없는 레슨을 펼치고 싶다며 "나는 YUMEKI라는 사람을 믿고 맡겨 보고 싶다"라고 설득해 주었다고 합니다. 정말로 감사한 일입니다. 아마도 저에게 제안하기까지 수많은 선택지가 있었을 것 같은데, 그럼에도 저를 믿고 선택해준 거였어요. 그 마음에 보답하고 싶다고 생각했습니다.

"몇 개월 단위로 스케줄을 알려주면 좋겠어요."

"네, 알겠습니다."

이렇게 하여 2023년은 이 프로그램에 바치겠다는 마음으로 도전했습니다.

> **YUMEKI의 꿈✦실현 키워드** 운명을 바꾸는 순간, 스케줄 확인 따위 필요 없다.

제 1 화

일본을 석권!
<PRODUCE 101 JAPAN THE GIRLS>로
화제가 된 댄스 트레이너

연습생 수준은 기대의 반 이하

저도 과거의 오디션 프로그램을 아주 많이 시청해 왔습니다만, 트레이너에 따라 가르치는 방법도 다르고 연습생을 대하는 방식도 다릅니다. 그러면 나는 어떤 스타일로 할 수 있을까? 아무리 생각해도 답은 하나였습니다. "나만이 할 수 있는 트레이닝을 하는 것".

저는 일본인이지만 한국에서 댄서로서도 안무가로서도 실시간으로 활약하고 있다는 점이 강점이었습니다. J-POP, K-POP 양쪽 업계에 대해서 숙지하고 있으면서, 바라보고 있는 건 오직 '세계'라는 것 하나. 일본의 연습생들이 **나를 통해서 세계의 높은 수준을 느끼기를 바랐고, 그것을 전할 수 있는 사람은 나밖에 없다고** 생각했습니다. 그래서 과거에 경험한 트레이너의 영향을 받거나 혹은 흉내 내려고 생각한 적은 단 한 번도 없었습니다.

촬영 전에 일본의 제작 스태프로부터 "이번에는 수준이 높은 연습생들이 모였습니다"라는 말을 듣고 매우 기대하고 현장에 들어갔습니다. 처음으로 연습생들을 만난 건 레벨을 나누는 테스트 스테이지의 본 촬영이었습니다. 그때까지 "잘 부탁드립니다" 정도의 간단한 인사도 없었고, 무대 뒤에서 나누는 인사 같은 것도 없었습니다. 완전히 처음 보는 상태로 체크해 나가는 형식.

그리고 그녀들을 처음 딱 본 순간, '아, 알겠습니다' 싶었어요. 내가 지나치게 기대했다는 것을 깨닫고 말았습니다.

솔직히 평소에 교류하는 한국 연습생에 비하면 그 수준 차이는 하늘과 땅 정도였지요. 그렇기 때문에 더욱 그 순간, 제 마음속에서는 좋은 의미로 각오가 생겼습니다.

'좋아, 알았어. 잘 해내 보이겠어.'

지금 돌이켜 생각해도 그것은 어설픈 각오는 아니었던 것으로 생각됩니다.

한국의 높은 수준은 저도 충분히 느끼고 있습니다. 이번에는 일단 그런 수준에 맞추는 것이 중요하고 "일본이니까"라는 생각은 할 필요가 없다, 싶었지요.

퍼포먼스를 보니 그 연습생의 가능성이 보이기 시작합니다. 가령 스테이지 위에서 하는 점수는 20점이라고 해도 아직 한참 성장 잠재력이 있구나, 분명 더 나은 것을 갖고 있구나, 하고 느끼는 경우가 있습니다. 무대 위에서 힘을 다 발휘하지 못한 원인은 남 앞에서 퍼포먼스를 하는 것에 대한 부끄러움일 수도 있고 익숙하지 않기 때문일 수도 있고 때로는 스테이지에 대한 트라우마가 있는 등 저마다 이

제 1 화
일본을 석권!
<PRODUCE 101 JAPAN THE GIRLS>로
화제가 된 댄스 트레이너

유가 있는데 우리 프로는 그것을 순간적으로 꿰뚫어 볼 수가 있습니다. 그러한 연습생에게는 일단 100%의 실력을 보여 줄 수 있는 상태까지 기다려 주는 것이 우리 트레이너의 큰 역할이라고 생각했습니다.

반대로 100%의 능력을 보이고 있지만, 솔직히 한계가 드러나 보이는 경우도 있었습니다. 물론 프로가 된 후에는 항상 100%로 빛나고 있을 필요가 있다는 건 말할 필요도 없지만, 연습생이라는 처지를 생각하면 역시 저는 전자의 아이에게 매력을 느끼게 됩니다.

그렇다고는 해도 이 프로그램은 시청자 투표로 상위에 있는 사람만이 살아남을 수 있는 시스템. 카메라에 찍히지 않는 곳에서도 노력을 거듭하는 아이를 보면 내심 응원해 주고 싶은 기분이 들기도 했고, 프로그램 안에서 더 많이 주목받으면 좋겠다는 생각이 드는 연습생도 솔직히 있었습니다. 저도 인간이니까요.

그렇게 생각은 하면서도 누군가의 편을 들면 트레이너 실격이지요. 지도는 모두에게 평등하게. 시청자 투표형 오디션 프로그램은 운이나 타이밍, 팀과의 인연 등도 크게 영향을 주고 정말로 가혹한 세계입니다. 예를 들면 10컷 중 9컷이 엄청나게 좋은 그림으로 찍혔다 해도, 단 1컷이라도 시청자가 좋게 보지 않을 모습이 보이면 그런 연습생이라는 식으로 낙인이 찍혀 버립니다. 그러므로 더욱

"매번, 이것이 마지막이라고 생각하라."

이것은 연습생 모두에게 몇 번이고 했던 말입니다. 물론 "카메라에 찍히고 있다" 같은 흔히 하는 말로 부추기는 일은 없습니다. 그저 한결같이 계속 이야기했습니다.

"기회는 언제 찾아올지 알 수 없고, 언제 마지막이 될지도 알 수 없다. 그 한순간에 얼마나 진심으로 할 수 있는지, 그리고 그 눈앞의 기회를 어느 정도의 결과물로 만들어 낼 수 있는지. 그리고 위로 올라갈 수 있을지 아닐지, 눈에 보이지 않는 경계선이 존재한다."

결과를 보아도, 어느 한순간을 툭 잘라 내어 방송해도 괜찮을 정도로 열심히 연습하고 생활했던 연습생이 살아남았던 것 같습니다.

저도 〈스맨파〉에 출연했을 때 언제 우리가 탈락할지 모르는 얼얼할 정도의 긴장감 속에서 몇 개월이나 지냈고 날마다 먹느냐 먹히느냐 하는 경험도 했기 때문에 솔직히 연습생에 대해서는 남처럼 생각할 수 없었습니다. 그래서 저도 더욱 진지했습니다.

> **YUMEKI의 꿈+실현 키워드** **어느 순간을 잘라 보여 줘도 당당할 수 있는 나로 지내는가?**

제 1 화
일본을 석권!
<PRODUCE 101 JAPAN THE GIRLS>로
화제가 된 댄스 트레이너

그 '노려봄'의 정체는?

여러분, 우리 트레이너들이 그 프로그램 안에서 어느 정도의 시간을 연습생과 함께 있었는지 아시는지요?

방송에서는 매우 성심껏 지도하고 있는 것처럼 편집되어 있지만 한 번의 레슨은 단 1시간. 하나의 미션에 대해서 우리 트레이너들이 본 방송까지 지도할 수 있는 시간은 많아야 3회. 경우에 따라서는 2회인 적도 있습니다. 즉, 적을 때는 2시간 정도밖에 지도할 시간이 없다는 거죠. 그러므로 **연습생으로서도 우리로서도 레슨 한 번 한 번이 진검승부.**

프로그램에서는 미션이 발표된 후 본 방송까지 1~2주 동안 스테이지를 완성하지 않으면 안 됩니다. 본고장 한국의 프로 아이돌이라 해도, 시간이 있으면 발매 3개월 전부터, 일반적으로도 1개월 전부터 레슨에 들어가고, 완성도를 높여 나갑니다. 그에 비추어 생각하면 아마추어 연습생이 1~2주 동안 그 과정을 해내고 있는 뒤에는 엄청난 노력이 있다는 건 가히 짐작할 수 있겠지요.

저로서도 스테이지 위에서 퍼포먼스를 한다면 프로 수준까지 올려야 하는 것이 사명이므로, 참가자들의 노력은 인정하지만 그럼에도 엄하게 지도하지 않을 수 없었습니다.

종종 "레슨 중에 연습생을 향해 노려보는 그 눈길은 무슨 의미인가?"라는 질문을 받습니다만 그 행동을 하는 본인으로서는 "노려봤나요?"라는 느낌이죠. 지극히 자연스러운 행동입니다. 연습생의 퍼포먼스가 너무 형편없어서 화내고 있는 것도 아니고 그 무엇도 아닙니다. 저의 댄스 동영상을 볼 때도 그런 표정이니까요. 저는 집중하면 그런 얼굴이 되어 버리는 것 같습니다. 죄송합니다…….

특히 프로그램 초기 무렵에는 인원수가 터무니없이 많았고 그에 비해 시간이 한정되어 있었고. 그런 속에서 한 명 한 명의 장점이나 수정점을 발견해 내고 조언할 필요가 있어서 저도 심적으로 큰 부담을 느끼면서 일을 했습니다. 사전 자료도 없는데 일단 101명의 얼굴과 이름을 일치시키는 것부터 시작하지 않으면 안 되거든요! 거기에 더해서 그 아이가 어떤 아이이고 어떠한 각오로 어떤 퍼포먼스를 할 수 있는지를 속속들이 파악해야 합니다. 정말이지 눈이 핑핑 돌 정도로 두뇌를 풀 회전. 극한까지 집중했습니다.

그에 비해서 잘 기억하고 있는 건, 어정쩡하게 참여했던 연습생에 대해서 "지금 당장 집에 가도 돼" 하고 말했던 일입니다. 그건 대본에 쓰여 있는 게 아니었어요. 리얼하게 제가 생각하고 내뱉은 말이지요.

제1화
일본을 석권!
<PRODUCE 101 JAPAN THE GIRLS>로
화제가 된 댄스 트레이너

이것을 계기로 저를 '호랑이 트레이너'로 느낀 분이 더 많아지지 않았을까요.

하지만 저는 프로그램 도중에 뚜껑이 열리거나 화가 폭발하거나 그런 감정이 된 적은 없었습니다. 그렇지만 저도 100%로 임하고 있다는 것은 전하고 싶었어요. 그 진지함을 보여 주기 위해 내뱉은 말이었어요. 그래서 대본이 있기는 했지만, 제작진이 시켜서 한 말도 아니었습니다. 진심이었느냐고 묻는다면 진심이었던 거지요.

방송 후 뵙게 된 분에게 자주 "분명 무서운 분일 거로 생각했습니다" 또는 "말과 행동이 부드러우셔서 의외네요"라는 말을 듣습니다. 그렇다니까요, 저 그렇게 무서운 사람 아니라고요. 자업자득이라고 한다면 어쩔 수 없지만, 그래도, 연습생에게 진지함이 전달되었다면 나로서는 괜찮은 것 같다고 생각합니다.

> **YUMEKI의 꿈+실현 키워드** 진심으로 서로 부딪치지 않으면 진정한 말은 생겨나지 않는다.

중요한 것은 캐릭터

그 프로그램은 연습생 수가 101명으로 많고 완전히 초보인 아이에서부터 데뷔 경험이 있는 아이까지 배경도 다양했습니다. 그래서 일단은 완성하고 싶은 그룹상은 생각하지 않고 개인 한 명 한 명을 잘 보고 지도하고자 했습니다.

그리고 서서히 프로그램이 진행되고 그룹으로서 미션이 많아진 후로는 그룹 속에서 어떻게 빛을 낼 수 있을지에 포인트를 두고 레슨을 해 나갔다고 생각합니다.

그중 혼자 하는 퍼포먼스에서는 매우 빛나지만, 그룹에 들어가면 갑자기 눈에 띄지 않게 되는 연습생도 있었습니다. 묻혀 버리는 거지요. 그런 의미에서는 그룹 안에서 자신의 색을 어떻게 잘 드러내면서 동시에 조화롭게 빛날 수 있을지, 그것을 알려주려고 했습니다.

그렇게 큰 집단 속에서도 곧바로 이름이 외워지고 인상에 남게 되는 연습생은 캐릭터가 제대로 서 있는 아이입니다. 솔직히 그것과 댄스 레슨은 무관합니다. 실력이 매우 뛰어나도 좀처럼 이름이 외워지지 않는 아이도 실제로 있었으니까요.

제 1 화

일본을 석권!
<PRODUCE 101 JAPAN THE GIRLS>로
화제가 된 댄스 트레이너

그 연습생의 존재가 내 인상 속에 확실히 남을 때는 이름과 얼굴과 퍼포먼스 세 가지가 제대로 일치했을 때입니다. 그렇게 되면 이름은 한순간에 입력됩니다. 거꾸로 아무리 시간이 지나도 이름이 외워지지 않는 연습생은 존재감이 옅다고 말하지 않을 수 없습니다.

스킬이나 실력은 나중에 붙게 됩니다. 그래서 가장 첫 단계에서는 개인이 가진 캐릭터가 중요하지요. 물론, 그 평가 기준은 트레이너에 따라 다르므로 그중에는 실력을 중시하는 분도 있습니다. 다만 저 자신이 캐릭터 우선으로 활동해 온 면이 있어서 그렇게 생각하는 것일지도 모릅니다.

그러면 자신이 가진 캐릭터를 어떻게 어필해 나가면 좋을까? 그 방법은 '남과 다른 것을 한다'라는 것 이외에는 없습니다.

그런 의미에서 저에게 처음으로 임팩트를 주었던 사람은 댄스와 높은 프로 의식이라는 무기로 자신을 어필했던 사사키 쓰쿠시 님. 그녀는 프로 입장에서 보아도 다른 연습생과는 여러 의미에서 수준이 달랐습니다. 탈락하게 되어 안타깝지만, 그만큼 시청자 투표에서 이기는 건 매우 어려운 것 같습니다.

가장 하위였던 F-클래스에서는 자신감이 없어 보였지만 그녀만이 보여 줄 수 있는 개성을 발휘했던 사쿠라바 하루카 님도 곧바로 이름을 외운 연습생 중 한 명입니다. 지도하는 것을 그대로 아주 잘 흡수했던 인상이 남아 있습니다.

그리고 데뷔한 팀 중에서 말하자면 RINON. RINON은 처음부터 숨길 수 없는 캐릭터여서 눈에 띄었습니다만 그녀 본인으로서는 서서히 스스로를 드러내려고 했던 것 같습니다. 미션을 거듭할 때마다 더욱 좋아졌거든요. 저는 그녀에게 "있는 그대로면 된다"라고 계속 이야기했습니다. "너는 있는 그대로의 개성을 드러내면 되겠어"라고.

솔직히 말하면 자기 개성을 잘못 파악했다고 할지, 그 방향성은 관두는 게 낫다 싶은 사람도 적지 않았습니다. 그것은 이 프로그램에 한정된 이야기가 아니라 아이돌을 꿈꾸는 세계에서는 드문드문 보이는 일. 바꾸어도 되는(바꾸는 게 나은) 개성과 절대로 바꾸어서는 안 될 개성이 있다고 생각하는데, RINON의 경우는 확실히 후자였습니다.

그런 중에서도 SUZU는 종종 '개성'에 대한 고민 상담해 왔습니다. 그녀의 경우 처음부터 높은 순위에 있었는데 회를 거듭하면서 다른 연습생의 개성도 시청자들에게 전달되며 자신이 묻혀 버린다고 느낀 것 같았습니다. 자기 개성을 더 연마해서 공부하고 싶다는 의욕이 전해져서 저도 진지하게 받아들이고 싶은 마음이 됐던 것을 잘 기억하고 있습니다.

SUZU는 자신에 대해 납득하지 못하고 있었습니다. 그래서 일단

제1화
일본을 석권!
<PRODUCE 101 JAPAN THE GIRLS>로
화제가 된 댄스 트레이너

은 자신이 어떻게 하고 싶은 건지, 어떤 식으로 보여 주고 싶은지를 정리해서 이해하는 것이 첫 번째 단계. 그게 가능해지면 두 번째 단계로 보는 사람의 시선이 되어 생각해야만 한다고 이야기했습니다. "너의 팬은 어떠한 너를 보고 싶어 할 것 같아? 거기서 힌트를 찾아내 보면 어때?"라고. **팬의 시선이 되는 것**에서 지금까지 자신이 생각지 못했던 것이 가능할 수도 있지요. 맞아요, 새로운 자신이 태어나는 겁니다.

세상 사람들은 "자신을 중시하라"라고 말합니다만, 그것은 자기 본위의 마음이나 본인은 이것을 하고 싶다는 식으로 감정 일변도가 되는 것을 긍정하는 말은 아니라고 저는 생각합니다. 물론 자기 의사는 가장 중요한 핵심 부분입니다. 하지만 생각해 보십시오. 남 앞에 서는 아이돌이라는 존재는 관객, 팬이 있어야 합니다. 그 팬들이 어떤 모습을 좋아하고 보고 싶어 하는지도 두루 생각해야 하는 것도 아이돌의 일이라고 생각하지 않습니까?

다수의 연습생은 자기가 하고 싶은 표현만 지나치게 고집하여 팬의 시선에서 생각하는 발상을 하지 않습니다. 일단 자기 기분은 내려놓고 자신을 객관적으로 보기. 그것을 통해 한 단계 성장하는 연습생은 정말 많습니다. SUZU도 그중 한 명이겠지요.

훌륭한 개성을 가진 연습생의 경우 트레이너가 개입하면서 좋은 개성이 사라져 버리지 않도록 지도해야만 합니다. 댄스 기술을 지니고 있어도 개성이 없는 아이와 기술은 부족하지만 개성이 있는 아이가 있는데, 지도는 평등하게 한다고 말은 했지만 가르치는 내용에는 당연히 차이가 생깁니다. 시간이 없는 와중에 각각의 아이에게 맞는 충고를 적확하고 간결하게 전하기 위한 고민을 해야 하기 때문입니다.

……그렇기는 한데, 뭐라고 할까요, 그 나이의 여자아이들이라 그럴까요? 다들 꽤 듣고 있는 듯하면서 듣지 않는다고요! 제 앞에서는 "알겠습니다!"라고 말하지만 실제로 퍼포먼스를 보면 변한 게 없습니다. 바꾸려고 노력했지만 바꾸기까지 이르지 않았을 뿐인지, 애당초 자기가 하고 싶은 방향성에 대한 집착을 버리지 못한 것인지. 그것은 퍼포먼스를 보면 한눈에 잘 알 수 있어요, 저도 프로니까요. 그런 아이는 적지 않습니다. 아니, 오히려 그런 아이 쪽이 더 많을지도 모르겠습니다. 자아가 강한 것은 결코 나쁜 일은 아닙니다만 역시 아이돌이 되고 수많은 사람으로부터 응원을 받겠다는 목표가 있다면 그것을 위해서는 프로의 의견에도 귀를 기울이는 자세가 필요하지 않을까 생각합니다. 내가, 내가……라는 마인드가 성장을 방해하고 있는 것이 아닐지 생각되는 장면은 수없이 있으며 안타까움을 느낀 것도 사실. 게다가 그런 퍼포먼스를 볼 때마다 "바꾸지 않았구나,

역시 그랬군" 하는 식의 포기에 가까운 기분이 들기도 했습니다.

반대로 순순히, 이런 말을 들었으니 이렇게 해 보았습니다, 하고 나름대로 이해의 깊이를 더해 수정했던 연습생은 끝까지 남아 있었던 것 같습니다.

| YUMEKI의 꿈+실현 키워드 | **개성을 잘못 판단한 자아는 악(惡).** |

감정이 움직일 때 사람은 빛난다

트레이너가 지도할 수 있는 시간은 한정되어 있습니다. 그래서 트레이너들이 연습생에게 그 시간 안에 모든 것을 다 보여 달라고 말하는 것이지요. "모르는 것, 불안한 것, 조금 자신이 생기기 시작한 것, 지금 어떻게 느끼고 있는지, 팀의 멤버에 대한 생각…… 뭐든 솔직하게 말해 달라"고.

하지만 역시나 말하지 않는 아이, 말할 수 없는 아이도 있지요. 감정을 드러내는 것이 어려운 경우도 있고 약점을 보이지 않으려 하기도 하고. 분명 한 사람 한 사람 저마다 생각하는 것이 있겠지요.

연습생은 어리고, 한국에서의 합숙 생활이 첫 해외 경험인 경우도 적지 않았기 때문에 향수병에 걸리는 아이도 많았던 것 같습니다. 거기에다가 서바이벌이라는 가혹한 환경. 저도 〈스맵파〉 때 탈락과 생존의 틈새에서 살아가는 괴로움을 항상 느끼며 생활해서, 자신의 감정을 억누르지 않고 말로 표현하는 것이 얼마나 중요한 일인지는 잘 알고 있다고 생각했습니다(좀처럼 그게 잘되지 않았지만 말이지요). 특히 초기에는 주위 사람들이 모두 라이벌이라는 생각이 있어

제1화
일본을 석권!
<PRODUCE 101 JAPAN THE GIRLS>로
화제가 된 댄스 트레이너

서, 진심 따위는 말하지 않겠다, 약한 모습은 절대 보이지 않겠다고 하는 연습생도 있었습니다. 그런 그녀들에게 항상 말했던 것이 **"커다란 감정을 품었던 그때를 소중히 여기지 않으면 안 된다"** 라는 것이었습니다.

실제로 프로그램이 후반부로 가면서 연습생들의 감정은 풍부해졌고, 각자의 장점이 그대로 드러나기 시작했습니다. **특히 라스트 20에 남은 멤버는 반짝반짝 빛나고 있었지요. 그것은 그녀들이 수많은 감정을 경험하고, 마음이 움직이고, 그것들을 숨김없이 퍼포먼스로 터뜨려 왔기 때문임이** 틀림없습니다.

우리로서도 연습생이 점점 적어짐에 따라 한 사람 한 사람에게 할애할 수 있는 시간이 많아졌고 결과적으로 각각의 연습생에 대한 이해가 깊어져 갔습니다. 신뢰 관계는 더욱 공고해졌고, 리허설이나 본 방송 전에는 정말 시작 직전까지 조언해 주었고, 카메라가 돌고 있는 시간 이외에는 계속 지도했습니다. 그것도 제작진 측에서 시켜서 하는 것이 아니라, 그렇게 하고 싶은 마음이 생겨서였지요. 그 모든 것들도 감정이 그렇게 시킨 것이었습니다. 인간이란 그런 존재라고 생각합니다.

> **YUMEKI의 꿈+실현 키워드**
> **감정을 억지로 누를수록 빛은 엷어진다.**

나카소네 리노라는 유일무이

나중에 제4장에도 나옵니다만, 나카소네 리노 님을 만난 건 16세였던 때의 일. 그 무렵 리노 님은 이미 일류 코레오그래퍼(안무가)로서 활약하고 계셨고 저는 그 어시스턴트로서 현장에 있었습니다.

그 후에는 워크숍 등에서 만날 일도 많아 동생처럼 귀여워해 주셨습니다.

저에게 있어 〈PRODUCE 101 JAPAN THE GIRLS〉에서 트레이너로 재회할 수 있었던 건 매우 영광스러운 일이었습니다. 사전에 나누어 준 자료 안에 '댄스 트레이너: 나카소네 리노, YUMEKI'라고 리노 님의 이름 옆에 제 이름이 써진 것을 보았을 때는 무언가에 맞고 뚫려버린 것 같은 충격을 느꼈습니다. 운명적인 것을 느꼈다고 말하면 좋을까요? 솔직히 그 전에 리노 님을 만나 뵀을 때는 선생님과 조수인 소년이라는 입장이었거든요. 절대로 이렇게 나란히 설 수 있는 게 아니었어요. 그런데 몇 년 만에 이렇게 같은 입장에서 일을 할 수 있게 되다니……!

리노 님도 리노 님 나름 현장에서 저를 마주쳤을 때 "오! YUMEKI

제 1 화
일본을 석권!
<PRODUCE 101 JAPAN THE GIRLS>로
화제가 된 댄스 트레이너

다!" 하며 저의 성장을 진심으로 기뻐해 주셨습니다.

프로그램을 보신 분들은 아실 거로 생각합니다만, **나카소네 리노라는 사람은 매우 유니크하고 독창성 넘치고 인간미가 있는 분입니다.** 댄스 트레이너를 둘이 함께 맡게 되었는데, **연습생이 여성이라는 점도 있어서 그녀들에게 가까이 다가가 마음을 이해하고 긍정적으로 수정해 나가는 멘탈 면에서의 지도는 리노 님이 적극적이었습니다.** 굳이 나누어 말하면 저는 퍼포먼스를 어떻게 보여 주는지, 몸을 사용하는 방식 등 스킬 면의 향상을 맡는 식으로, 자연스럽게 역할 분담이 있었다고 느낍니다.

그렇다고는 해도 리노 님은 저 같은 사람보다 훨씬 경력도 길고 가장 선두에서 활약해 온 일류인 분이므로, 그 지도법을 보고 계속 배우게 되는 일이 많았습니다. 댄스 초보자인 연습생이든, 춤을 꽤 잘 추는 연습생이든, 그 아이가 자기 안에서 답을 찾아낼 때까지 아주 끈질기게 붙어 있는 리노 님의 모습을 보고 저도 여러모로 깨닫는 게 있었습니다. 엄청나게 눈부신 경력이 있는 선생님이니까요. 아무리 이야기해도 연습생이 기대한 만큼 답을 보여 주지 않거나 마주하려고 해도 이쪽을 보지 주지 않는 경우, '그래, 이제 그만하자'라는 식이 됩니다, 보통. 하지만 리노 님은 절대 아니지요. **좋은 의미에서 뻔뻔스럽습니다.** 한 사람 한 사람을 정면으로 마주하고, 마음을 끌

어당깁니다. 그리고 이쪽을 돌아볼 때까지 끈질기게 계속해서 접근합니다. 주위에서 어떻게 생각하느냐 따위 상관없습니다. 자기 마음에 솔직하게, 원하는 것에 대한 의지를 품고 움직이는 것이 나카소네 리노 스타일이었던 것입니다.

그 기백이란 건 정말 대단합니다. 저도 다시금 경력이나 나이 등과 상관없이 자기 신념을 관철시켜도 된다는 것을 배우게 됐습니다.

> **YUMEKI의 꿈✦실현 키워드**
>
> 나의 재산은 쫓아갈 수 없을 정도로 큰 존재인 스승을 가졌다는 것.

제1화
일본을 석권!
<PRODUCE 101 JAPAN THE GIRLS>로
화제가 된 댄스 트레이너

<LEAP HIGH! ~내일로, 힘차게~> 안무 비화

솔직히 댄스 초심자인 아이들을 지도하는 건 약간 힘든 정도의 소동이 아니었습니다. 시간이 있었다면 모르지만 어쨌든 가르칠 수 있는 시간이 한정되어 있었기 때문에 기초를 하나하나 가르치는 것조차 불가능했어요. 정말 고민이 많았습니다! 솔직히 처음에는 기초는 제쳐 두고, 스테이지에 서는 방법이나 무엇을 생각하고 거기 있어야 할 것인지 등을 가르치고 **스테이지에 올라갈 수 있는 형태로 만드는 게 최선**이었습니다. 그게 형태로 잡힌 것이 시그널 송인 〈LEAP HIGH! ~내일로, 힘차게~〉입니다.

〈LEAP HIGH!〉는 제가 안무를 담당한 프로그램의 테마곡이자, 101명이 동시에 스테이지에 올라가는 처음이자 마지막 기회이기도 했습니다. 그 곡의 동영상을 다시 볼 때마다 언제든 초심으로 돌아갈 수 있는, 안무가로서도 감개무량한 작품이 되었다고 생각합니다. 당시에는 연습생도 좋은 의미에서 아마추어 느낌이 있었고 약간 촌스러움이 남아 있는 분위기도 좋은 느낌을 내고 있었다고 느끼지요.

저로서는 101명이 동시에 춤을 추는 안무를 맡은 건 처음 경험하는 일이었지요. 게다가 춤을 잘 추는 아이도 잘 못 추는 아이도 동시에 무대에 올리지 않으면 안 되었습니다. 지나치게 어려운 안무면 곤란한 아이도 있을 것이고, 역으로 지나치게 단순하면 재미도 없지요. 정말로 허들이 높았습니다.

결과적으로는 수준별로 파트를 나누어서 스테이지를 효과적으로 사용하여 매력을 주는 것을 염두에 두고, 프로듀서와도 상의하면서 안무를 정해 나갔습니다.

가장 중요하게 생각했던 것은 '순수함'. 그 산뜻함만이 그녀들이 지닌 매력이라고 생각했으니까요. 좋은 의미에서 과할 정도로 프로페셔널하게는 보이지 않게 하려고 시행착오를 겪었습니다.

이 곡에만 해당하는 이야기는 아니지만, 몇 가지 패턴을 고안하는 것이 제 안무 스타일이죠. 한 곡의 같은 파트에 대해서 여러 가지로 다른 패턴의 안무를 생각합니다. 제가 생각하는 멋진 패턴이나, 일반인이 따라 하기 쉬운 패턴 등 조금씩 차이를 주면서 몇 종류나 만들지요. 그리고 최종적으로 정말로 좋은 것을 연결하고 조합해서 완성형으로 만들어 가게 됩니다.

이 〈LEAP HIGH!〉도 운동회 때 다 함께 춤추는 이미지나 데뷔한 아이가 춤추는 이미지, 친구와 놀면서 춤추는 이미지 등을 생각해서 여러 패턴을 만들었고, 프로듀서들과 상의해서 최종적으로는 놀

제 1 화
일본을 석권!
<PRODUCE 101 JAPAN THE GIRLS>로
화제가 된 댄스 트레이너

면서 춤추는 이미지로 만든 안무를 채택했습니다. 그것은 저도 친구와 놀면서 만든 안무였죠. 그런 행복한 흥겨움이 안무에도 깃들어 있었다고 생각합니다.

게다가 역시나 이 오디션에서 데뷔하는 아이들은 TikTok 세대이기 때문에, 그들이 따라 하기 쉬운 안무는 물론이고, 저의 독창성이나 K-POP 요소도 넣으면서, 추가로 J-POP 테이스트도 넣어서 완성하는 게 중요할 거로 생각했죠. 그리고 곡과 춤이 별개로 보이지 않도록 곡, 춤, 출연자가 하나가 된 작품으로 만들어 내려고 노력했습니다. 학교 안에서 친구와 춤추는 듯한 분위기가 프로그램의 분위기와 잘 맞았다고 자화자찬하고 있습니다.

여러분, 보셨을 때 어땠나요? "순수한 아이들이 미래를 향해 출발한다"라는 메시지가 곡을 통해 전달되었다면 매우 기쁠 것 같습니다.

YUMEKI의 꿈 ✦ 실현 키워드

무리하게 애쓰지 않는다.
'순수함'은 때로는 프로를 뛰어넘는다.

인상적이었던 <RUN RUN>의 스테이지

　프로그램에서는 갖가지 스테이지를 지도해 왔습니다만, 그중에서도 특히 마음에 남아 있는 건 포지션 배틀인 〈RUN RUN〉 스테이지입니다. 복수인 과제곡 중에서 이 곡을 선택한 경우, 현장에 온 방청객들의 투표로 1위를 획득하면 베네핏(플러스로 받을 수 있는 득표수)도 주어지고 현장의 득표수가 2배가 되는 챌린지 미션이었습니다. 그 대신 관객 투표 순위가 2위 이하라면 0점이 된다는 리스크도 있지요. 이 곡을 선택한 연습생들은 그런 리스크를 짊어지고 도전했습니다. 저는 그녀들의 경쟁심, 패기, 반드시 데뷔하고 싶다는 열정 모든 것에 마음이 움직였습니다.

　한편으로 〈RUN RUN〉 이외의 곡을 선택한 경우, 방청객 투표 결과는 몇 위가 되든 현장표가 가산됩니다. 그쪽이 훨씬 안전하죠. 왜냐하면 거기서 점수를 따지 못하고, 게다가 시청자 투표도 넣지 않는다면 오디션 전선에서 탈락, 데뷔라는 꿈은 물거품. 몹시 무서운 선택이었다고 생각합니다. 그래도 〈RUN RUN〉을 고른 건 1위가 되고 싶고, 반드시 기회를 거머쥐고 싶다는 마음이 더 위에 있었기 때

제1화
일본을 석권!
<PRODUCE 101 JAPAN THE GIRLS>로
화제가 된 댄스 트레이너

문이죠. 그래서 한 단계 더 열정이 뜨거운 연습생들이 모인 것 같은 인상을 받았습니다.

평등하게 지도하는 것에 늘 유의하고 있었지만, 저도 인간입니다. 역시 〈RUN RUN〉의 레슨은 극도로 뜨거웠고 연습생들의 갈등을 가까이에서 느끼고 밀어주고 싶다는 마음도 생겼습니다.

두려운 건 이것이 팀전이라는 겁니다. 한 명이 실수하면 모두가 0점이 될 가능성이 있지요. 부담감이 엄청났을 것으로 생각합니다.

결과적으로 1위는 놓치고 말았지만, 그녀들의 도전이 정말로 멋있었다는 것은 프로그램을 보았던 시청자분들에게도 전달되고 있었겠지요. 그 성장은 대단한 것이었습니다.

> **YUMEKI의 꿈+실현 키워드** 리스크를 짊어지고도 도전하는, 그런 멋진 사람이 되어라.

모두가 데뷔에 어울리는 멤버

이렇게 프로그램에 참여하면서 다시금 느낀 것이, **진심이 아니면 오디션 프로그램에 나가서는 안 된다**는 점입니다. 일단은 데뷔하는 게 목표이긴 합니다만 진짜 의미에서의 목표는 더 먼 곳에 있기 때문입니다. 실제로 데뷔해서 거기서 현실을 알게 되고 그때서야 두려워져 자신을 잃게 되고 그 정도까지 하고 싶지는 않은 것 같다고 생각해 버리는 사람도 어느 정도 있지요.

데뷔한 뒤에도 일반적으로 '잘나간다'라는 말을 듣는 사람은 정말 극소수인 것이 현실. 게다가 대부분의 아이돌은 연예기획사에 소속되어 있으므로 자기가 바라고 생각한 대로 활동할 수 있는 것도 아닙니다. 그래서 진정으로 음악을 좋아하고, 뭐가 어찌 되든 아이돌이 되어서 잘나가고 싶다고 생각하는 아이들이 해야만 하는 직업이라고 생각합니다. **어중간한 각오로 발을 들이면 마지막에 괴로워지는 것은 그 본인**이기 때문입니다.

그러한 의미에서 이 프로그램으로 데뷔한 멤버들은 그만한 각오가 되어 있었던 11명이라고 생각합니다. 특히 리더인 MOMONA와

제1화

일본을 석권!
<PRODUCE 101 JAPAN THE GIRLS>로
화제가 된 댄스 트레이너

 서브 리더인 RAN은 이번에 데뷔하기 위해서 지금까지의 경험이 있었다고 생각이 될 정도로 데뷔에 어울리는 멤버입니다.

 이 두 사람의 공통점은 예전에 아이돌로서 활동했다는 점. "경험자라면 능숙하겠지"라는 시선을 느끼면서 때로는 "원래 팬들이 있으니까 유리하다"라는 목소리도 들었을 것 같습니다만, 저는 그러한 목소리에는 전혀 동의할 수 없었습니다. 주위 사람들로부터 받는 주목도가 한 단계 높은 만큼, 잘하는 모습을 보여야 한다, 실수하면 안 된다, 경험자는 과거에 실제로 했던 것보다 더 잘해야 한다는 식의 마음에 사로잡힌다는 것을 알기 때문입니다. 그것은 경험이 없는 아이와는 명확하게 다른, 높은 벽이 됩니다.

 두 사람 모두 확실히 바깥으로 감정을 드러내는 타입이 아니지만 내면에 감추고 있는 열정이나 집착은 정말로 강했고, 스스로에게도 매우 엄했습니다. 다른 연습생이 잘했다고 만족하고 있어도 "조금 더 이렇게 할 수 있어" "좀 더 여기를 맞추자" 하고 솔선해서 말할 수 있는 건, 그 두 사람이 일을 대하는 자세에 높은 진정성이 있었기 때문이며, 아이돌 그룹에는 그런 멤버가 필수 불가결이라고 생각합니다.

 게다가 무엇보다도, 프로그램을 통해서 단순히 훌륭하게 노래하고 춤추는 것뿐만 아니라 **전달해야만 할 것을 생각해서 스테이지에 서**

는 아티스트라는 점에서 존경심을 느낄 수 있었습니다.

특히 MOMONA는 최상위의 A-클래스로 실력이 뛰어나지만, 처음에는 솔직히 단점도 없고 장점도 없다는 인상이었습니다. 하지만 그녀가 대단한 것은 경력도 있는 그녀 자신이 그 점을 깨닫고 바꾸고 싶다고 생각하고 있었던 거죠. 그리고 꾸준히 노력을 거듭하여 마지막의 마지막에 가장 빛날 수 있었고, 저는 매우 기쁜 마음으로 그 모습을 보았습니다.

그런 한편, RAN은 처음부터 눈에 띄었습니다. 하지만 그녀도 그룹 배틀 무렵부터 자기 안에서 한계를 정해 버린 듯한 느낌. 좀처럼 위로 뚫고 올라가지 못하는 자신에 대해 고민하고, 갈등하고 있었던 것 같습니다. 그녀는 빼어난 스킬에 더해서 다정한 성격도 있었기 때문에 항상 남들이 의지하는 존재가 되고 있었지만, 역으로 그것에 시간을 너무 많이 할애해서 자신에 대한 케어를 할 수 없는 것처럼 보인 적도 있었습니다. 그녀가 이 오디션을 통해서 자신을 소중히 하는 것이 얼마나 중요한 일인지를 깨달을 수 있었던 건 큰 성과였을 거로 생각합니다.

그 외에도 한국에서 연습생으로 열심히 노력했던 MIU나 데뷔 경험이 있는 COCORO가 좌절을 경험하고 거기서 다시 재도전하겠다는 각오를 다지게 되는 모습은 굉장히 멋지게 보였습니다.

제 1 화

일본을 석권!
<PRODUCE 101 JAPAN THE GIRLS>로
화제가 된 댄스 트레이너

경험이 없는 아이들의 스킬을 향상시키기 위한 지도는 어렵기 그지없었지만, 엄한 것으로 말하자면 어쩌면 경험이 있는 아이들에게 더 엄했을 수도 있습니다. 한 번 포기할 뻔했던 꿈을 또다시 포기하게 하고 싶지 않았고 "이미 알고 있지?"라는 신뢰와 기대를 담아서 상당히 혹독하게 대했습니다. 그런 엄한 지도를 극복해 나가는 그녀들의 모습은 분명 경험이 없는 아이들에게도 아주 좋은 영향을 주었을 것으로 생각합니다.

그런 가시밭길을 지나 데뷔를 거머쥔 11명, ME:I의 멤버들에게 지금도 끝없는 상승 의지를 느끼며 믿음직스러울 따름입니다.

이 프로그램에서 애석하게 데뷔를 놓친 멤버 중에도 개인적으로 기대하고 있던 연습생은 몇 명이나 있고 그중 많은 이들이 IS:SUE로 데뷔할 수 있었던 건 매우 기쁜 일이었습니다. 도쿄 걸즈 컬렉션에서 약 9개월 만에 다시 만나 "데뷔 축하해!"라고 서로 기뻐해 주던 것을 기억하고 있습니다.

그 프로그램의 마지막 회는 텔레비전에서 생방송 되었기 때문에 시청한 분들도 많을 것 같습니다. 하지만 우리 트레이너는 그 스테이지가 끝난 후 연습생과 만날 수가 없었습니다. 그래서 전날 최종 리허설 때 "내일은 본 방송이지만 이제 못 만나니까 이게 마지막이다"라고 연습생에게 이야기했습니다. "데뷔할 수 있는 아이도, 그렇지 않은 아이도 반드시 저마다 밝은 미래가 있다"라고. 옆에 있던 리노 님은 벌써 엉엉 울고 계셨고(웃음).

　이렇게 끝나고 보니 이 프로그램의 트레이너를 시켜 주신 덕에 인생이 변했다고 느낍니다. 다양한 배경을 가진 연습생들을 키우고 하나의 목표를 향해서 이끌어가는 일은 정말로 미지의 세계였습니다. 곁에서 보면 눈으로 본 것을 평가하고 조언하는 정도의 일로 보일지도 모르지만, 실제로 그 일을 받아들인 사람으로서는 연습생 모두를 위쪽까지 반드시 끌고 가야 하는 책임감이 무엇보다 크게 요구되고 있었지요. 그래서 저 자신이 스테이지에 설 때 이상으로 연습생들의 스테이지는 훨씬 많이 긴장되었습니다.

　"끝까지 해냈다." 이것이 저의 소감입니다. 그리고, 다시 저에게 새로이 도전하고 싶다는 마음을 품게 해 주었습니다.

YUMEKI의 꿈★실현 키워드

경험치는 역으로 사람을 겁쟁이로 만든다.
진정으로 강한 사람만이 험한 산을 넘어갈 수 있다.

YUMEKI's HISTORY
[PRODUCE 101 JAPAN THE GIRLS] 편

오늘부터 촬영으로 두근두근!

첫 촬영은 레벨을 나누는 테스트였어요. 오래도록 좋아했던 프로그램에 제가 출연하게 되어 아직 실감이 나지 않는 것 같고, 두근두근하는 감각으로 첫날을 맞이했습니다.

레벨 나누기 재평가 전에

<PRODUCE 101 JAPAN THE GIRLS>의 레벨 나누기 재평가 전에. 대본을 보며 촬영 흐름을 체크하고 있어요.

레벨 나누기 테스트 무대 뒤

카메라가 이런 식으로 찍고 있었을 줄이야(웃음). 그전까지 텔레비전에서 봤던 세트가 눈앞에 펼쳐지고, 매우 긴장도가 높았던 것을 기억합니다.

> 프로그램 명장면 중 하나?!

"지금 당장 집에 가도 돼"라는 저의 발언에 놀란 시청자도 있을 것 같은데, 저도 진지합니다. 저도 스위치가 켜진 상태였습니다.

©LAPONE ENTERTAINMENT

.

제 **2** 장

늦게 시작된 댄스 인생

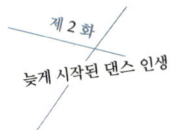
제 2 화
늦게 시작된 댄스 인생

텔레비전 속 아이돌을 동경하여

제가 〈PRODUCE 101 JAPAN THE GIRLS〉에 댄스 트레이너로 출연하게 된 건 23세 때의 일. 연습생 중에는 나보다 더 나이가 위인 사람도 있었습니다. 분명 시청자들이 보시기에 YUMEKI라는 인간은 '젊은 나이에 성공한 사람'으로 비쳤을 거로 생각합니다.

확실히 아주 많은 인연과 행운이 겹쳐서 젊은 나이에도 많은 일을 맡게 되었고, 그래서 경력을 계속 잘 쌓을 수 있었음을 스스로도 느낍니다. 이 장 다음부터는 저의 지나온 흔적을 돌아보면서 여러분에게 '꿈을 위해 살고, 꿈을 이루는 자기 매니지먼트'에 대해 말씀드리고자 합니다.

늦었지만 자기소개를 하겠습니다. 다케나카 유메키(竹中夢生)입니다. 'YUMEKI'라는 이름으로 한국을 비롯해 일본 그리고 세계에서 댄서이자 안무가로 일을 하고 있습니다. 출신지는 가나가와현 요코하마시. 다케나카 집안의 차남으로 1999년 11월 12일에 태어났습니다. 연년생인 형과 다섯 살 아래의 여동생에 일곱 살 아래의 남동생, 그리고 스무 살이나 어린 남동생이 태어나 현재는 5남매입니다.

대가족의 북적이는 환경 속에서 자랐고 특히 한 살 위의 형과는 지긋지긋한 악연인 친구 같은 관계. '누가 먼저 이 반찬을 먹을 것인지', '누가 먼저 목욕을 할 것인지' 같은 중요하지도 않은 일로 날마다 형과 부딪치며 지냈습니다.

그런 저는 집에서는 뭐든 하고 싶은 대로 하며 지냈지만, 학교에서는 상당히 차분하게 지냈고 남녀 모두와 사이좋게 지내는 평화로운 캐릭터. 그룹에 속해 행동하지도 않으면서 모두에게 열린 성격. 사실 그렇게 말하면 좋게 들릴지도 모르지만, 지금 생각하면 그저 기분파였던 것 같아요.

수업 중에는 눈에 띄는 행동을 하는 성격이 못되어 손을 드는 일 따위는 있을 수도 없었지요. 운동회 때는 언제나 계주 선수였는데 솔직히 스포츠에도 그다지 관심은 없었습니다.

그런 제가 가장 중요하게 여겼던 시간이 있습니다. 그것은 우리 집 제 방에서 지내는 '혼자만의 시간'입니다. 당시 제 방에 인터넷 같은 건 없었고 스마트폰을 가질 수 있는 시대도 아니었기 때문에 저에게 엔터테인먼트는 오로지 텔레비전이었습니다. 집에 오면 책가방을 냅다 던지고 숙제도 하는 둥 마는 둥 하고 텔레비전 스위치를 ON. 그 텔레비전 속의 세계로 뛰어드는 일이 각별한 시간이었습니다. 가수는 물론이고, 버라이어티 탤런트들의 활약을 보면서 '나라면 어떻게

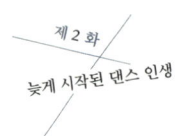

제 2 화
늦게 시작된 댄스 인생

할까?' 하는 식으로 연예인이 된 자신을 상상하면서 시간 가는 것도 잊고 동경하는 마음으로 넋을 잃고 보았습니다.

그 무렵 특히 빛났던 것이 SMAP, 아라시, EXILE 등의 아이돌, 아티스트 여러분들이었지요. 노래하고 춤추는 그 모습이 너무나 멋져서 저는 아직 댄스를 배우기도 전이었지만 보고 따라 하면서 날마다 1인 무대. 누구에게 보여주는 것도 아니고, 아니, 아무도 없는 나만의 공간에서 내 나름의 퍼포먼스를 완성하는 일에 정신없이 빠져 있었습니다. 분명 그 '혼자만의 시간'에 YUMEKI의 원점이 가득 채워져 있을 것으로 생각합니다.

| YUMEKI의 꿈✦실현 키워드 | 어렸을 때부터 자기만의 지극한 행복을 가지다. |

인생에서 처음으로 느낀 '하고 싶다!'라는 감정

평범한 가정이기는 했지만, 부모님은 아주 어렸을 때부터 하고 싶은 일은 뭐든 하게 해 주셨습니다. 특히 어머니가 여러 가지 면에서 적극적인 사람이라 잔소리도 하면서 돈도 주는 타입. 무언가를 배우는 일도 어머니가 발견했는데, 피아노나 수영, 서예와 가라테 등 다양한 경험을 하게 해 주셨습니다.

그렇다고는 해도 어머니가 권해 주는 것들에 대해서 저는 대부분 내키지 않았지만, 그래도 '일단 한번 해 보자'라는 마인드이긴 했습니다. 해 보지도 않고 무턱대고 싫어하는 건 안 되죠. 거기에 기회가 숨겨져 있을지도 모르니까요. 그것이 나에게 맞는지 아닌지는 차치하고라도, 무엇이든 해 본다는 것을 통해 어린 마음에 충실히 산다는 기분을 느끼고 있었습니다.

그중에서도 피아노는 저에게 맞았던 것 같습니다. 원래부터 음악을 좋아하고 남들 앞에서 무대에 오르는 것도 좋아하고 게다가 자신을 표현하고 싶다는 욕심도 있었기 때문이죠. 초등학교 3학년 무렵부터 6학년까지 피아노를 계속했고 초등학교 졸업식 합창의 반주를 맡게 되어 자랑스러운 기분을 느꼈던 일을 또렷이 기억하고 있습니다.

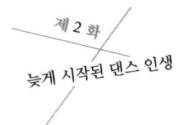

제 2 화
늦게 시작된 댄스 인생

반대로 공부는 그다지, 아니, 상당히 안 좋아했기 때문에 보습 학원에서는 2~3개월 만에 퇴장했습니다(웃음).

그러던 중 제가 댄스를 만난 건 초등학교 6학년 여름 무렵. 유치원생이 댄스 레슨을 받는 경우가 많은데, 저는 상당히 늦은 출발이었지요.

계기는 이번에도 어머니였어요. 친구 어머니를 통해서 도쿄에 아티스트 아카데미가 있다는 말을 우연히 듣고 저에게 제안하셨지요. 제 처지에서는 그렇게 먼 곳까지…… 싶었습니다만, 언제나 그랬듯이 '일단 체험만'이라는 생각으로 가 보았습니다. 그곳이 저의 댄스 토대를 쌓아 준 '에이벡스 아티스트 아카데미'였습니다.

처음부터 댄스를 배울 예정은 없었고 노래에 흥미가 있었지만, 복도에서 보게 된 댄스 레슨 모습이 몹시 즐거워 보여서 갑자기 참가하기로. 그랬더니 노래보다 댄스 쪽에 확 꽂혀 버렸네요! 그 체험 레슨이 끝난 순간,

"여기서 댄스를 하고 싶어!"

하고 어머니에게 강하게 말했습니다. 지금까지 다양한 것을 배우며 경험해 왔지만 제가 먼저 "하고 싶다!"라고 이야기한 건 처음 있는 일. 왠지 나랑 맞는 것 같다 정도의 감각이었습니다. 댄스 레슨은 당연히 처음이었지만 제 방에서 했던 '나 홀로 연습'이 효과가 있

었던 것인지 그 체험 수업에서는 춤을 꽤 잘 추었던 거죠. 게다가 보면서 따라 하는 것이 아니라 **전문가 선생님으로부터 내가 좋아하는 것에 대해서 제대로 배운다는 귀중한 경험이어서, 그때의 나는 분명 눈을 반짝반짝 빛내고 있었다**는 느낌이 남아 있습니다. 그래서 1시간 정도의 레슨이 체감적으로는 5분이었지요. 그 정도로 집중했던 것 같습니다.

저는 배우는 일에 대해서 그다지 기대를 품고 있지 않았기 때문에 그렇게 빠져들 수 있는 일이 있다는 사실에 일단 충격을 받았고, 이것은 꼭 계속하고 싶다고 생각했지요. 그때 '지금까지 배운 것들과 느낌이 다르다'라고 확신했습니다.

정말로, 음악을 좋아하는 마음에서 시작하여 음악으로 이어진 인연입니다. 운명적인 것을 느낀 순간이었습니다.

> **YUMEKI의 꿈✦실현 키워드**
>
> 찌릿찌릿 느낌이 오면, 그것은 진실.

나만 몸이 큰 거 아냐?

그렇게 하여 저의 댄스 인생 막이 올랐지요. 하지만 그것은 결코 순풍에 돛을 단 듯한 시작은 아니었습니다.

왜냐하면 제가 댄스를 시작할 때는 초등학교 6학년 여름 무렵. 시기가 역시 늦었던 겁니다. 20~30명 정도의 초보 클래스에서는 모두가 저보다 나이가 어렸지요. 초등학교 저학년인 아이도 있고 그 중엔 유치원생인가? 싶을 정도로 작은 아이도 있었습니다. 그런데 모두 춤을 아주 잘 추는 겁니다.

체험 수업에서는 왠지 모르게 춤을 잘 추었던 느낌이었는데 본격적으로 실제 레슨에 들어가니 전혀 따라갈 수 없었어요. 저는 주위 아이들보다 머리 하나가 큰데도 움직여지지 않고 춤을 출 수 없었어요. 리듬을 타고 섬세하게 움직이는 자그마한 아이들의 머리 뒤로 움직이지도 않는 커다란 머리가 떠다니고 있는 것 같은 느낌, 매우 안 좋게 눈에 띄었을 거로 생각합니다. 어쨌거나 창피했고 비참했어요. 저도 선생님의 지도는 한마디도 놓치지 않고 듣겠다는 아주 적극적인 마인드가 있었지만, 앞쪽 줄에 서는 건 죄송한 마음이 들었지요. 가장 뒷줄에서 죽기 살기로 들러붙어 따라가는 느낌이었습니다.

그런 여러 사정으로 처음에는 모두가 부러워서 견딜 수 없었습니다. 아아, 어째서 나는 더 일찍 댄스를 만나지 못한 것일까 하고. 이 아이들과 같은 시기에 시작했다면 더 멋지게 춤을 잘 췄을 텐데 하고.

그리고 한시바삐 그들을 쫓아가고 싶었어요. 그래서 주 1회 레슨으로는 모자란다는 생각에 추가로 다른 댄스 스쿨도 다니고 싶다고 꽤 이른 단계에서 부모님께 상의했던 일을 기억합니다. 그 무렵에는 댄스에 진심이었기 때문에 배우고 있었던 다른 건 모두 관두었습니다.

그리고 두 번째 댄스 스쿨로 제가 고른 곳이 도쿄의 다카다노바바에 있는 '도쿄 스텝스 아트'였습니다. 다섯 곳 정도의 댄스 스쿨에 가서 체험하고 그중에서 정했는데 어른들과 섞여서 높은 수준의 댄스를 배우는 것이 매력이었습니다.

 서투르고 창피한 자신을 못 본 체하지 말라.

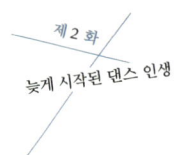

제 2 화
늦게 시작된 댄스 인생

중학생 시절의 청춘을 댄스에 바친다

중학교에 올라가자, 동급생들이 방과 후에 동아리로 청춘을 즐기고 있는 것을 본체만체하고 나는 마치 '내가 있을 곳을 스스로 찾는다'라고 말하듯 동아리에도 들어가지 않고 댄스에 몰두하는 길을 선택해 갔습니다. 댄스가 너무나 좋아서 학교 수업이 끝나기만을 기다렸고 나의 하루는 그때부터 시작된다고 말해도 과언이 아닐 듯한 생활. 낮에는 에너지 절약 모드로 지내고, 방과 후의 댄스 스쿨에서 100%를 발휘하는 식의 일상이었습니다. 사실 학교는 '가지 않으면 안 되니까 간다'라는 그런 존재였습니다. 선생님, 죄송합니다.

당시의 저에게는 '댄스로 프로가 되자'라는 구체적인 목표는 없었지만 잘할 수 있게 되면 좋겠다, 성공하고 싶다는 의욕으로 가득했지요. 그런 모습을 어머니도 기꺼이 응원해 주셨습니다. 지금까지 많은 것들을 배워 왔지만 모든 것에 대해 수동적이었고 무엇 하나에도 열중하지 않았던 아들이 눈빛을 바꾸고 빠져들어 몰두할 대상을 발견한 거였지요. 어머니도 한층 더 적극적으로 제가 잘할 수 있도록 지원을 해 주셨습니다.

도쿄 스텝스 아트에서는 원래라면 들어갈 수 없는 어른 레슨을 부탁해서 참가. 그것은 마치 잠입한 것 같은 느낌이었죠. 대학교에서 자신이 신청하지 않은 수업에 몰래 들어가는 느낌이라고 하면 알 수 있을까요? 물론, 돈은 제대로 냈습니다! 댄스의 세계는 연령도 성별도 상관없지만 그렇다고 해도 초보자인 제가 어른들 속에 들어가서 레슨을 받는 모습은 약간 이상하게 보였을지도 모릅니다. 그런 소년까지도 받아들인 댄스라는 세계의 넓은 포용력에 구원받았다고 느낍니다. 따라갈 수 있을지 어떨지 따위는 나중 문제. 해내지 못하면 '아아, 못 했구나'로 끝나고 다시 다음! 입니다.

일단 해 보는 게 중요하다고 생각했습니다. 저돌맹진(猪突猛進 앞뒤 생각하지 않고 매우 힘차게 나아가다)이란 말은 그 시절의 저를 일컫는 것일지도 모릅니다. 아니, 아니고요, 청춘이었습니다!

YUMEKI의 꿈✦실현 키워드 위로 올라가려는 자에게 룰 북(rulebook)은 없다.

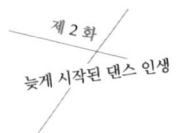

막대처럼 우뚝 서 있다가 끝난 오디션도

그렇게 하여 조금씩 춤을 출 수 있게 된 저는 오디션에도 참가하게 되었습니다. 춤을 출 수 있게 됐다고는 해도 시작하고 몇 개월. 아직 여전히 초보자입니다. 창피한 이야기지만 댄스 경력 5~6년인 아이가 응시하는 오디션에도 아주 열심히 도전했습니다. 정말로 댄스에 관해서는 저 자신도 놀라울 정도로 적극적이었고, 거기에는 남들이 비웃지 않을까 혹은 어이없게 보지 않을까 하는 부정적인 마음은 전혀 없었습니다.

과제가 미리 제시되어 있어서 연습한 것을 선보일 수 있는 오디션도 있지만, 그중에는 현장에서 과제가 주어지고 단시간에 외워서 춤추지 않으면 안 되는 것도 있었습니다. 후자의 경우에는 정말 지옥이지요. 막대처럼 우뚝 서서 아무것도 못 한 채 그저 시간만 날리고 오디션이 끝나 버리는 일도 드물지 않았습니다. 참고로 말하면 이건 전혀 과장한 이야기가 아니라고요! 아무리 잘하려는 의지가 강하게 있어도 자기 스킬이나 경험으로는 커버할 수 없을 정도로 높은 수준이 요구되는 일도 있지 않습니까? 완전히 그런 상태였습니다.

그래서 오디션이 처참한 결과로 끝나도 '반드시 언젠가는 스테이지에 서 보이겠다!' 또는 '언젠가 더 엄청난 곳에 서겠다!'라는 상승 지향이 멈추지 않았습니다. 붙을지 아닐지는 일단 제쳐 두고 오디션에 도전하는 일 자체를 배움의 장이라 생각하고 있었습니다. **오디션 자체가 나에게는 실천적인 레슨의 장이기도 했던 것이지요.** 게다가 오디션에 응시할 때마다 동기는 높아져 갔고 '도전할 수 있게 해 주셔서 감사합니다'라는 마음이었습니다. 오디션을 보면 볼수록 더욱 더 댄스를 좋아하게 되었습니다.

세상에서 일반적으로 오디션이 차지하고 있는 위상과 제가 생각하는 오디션의 역할에는 차이가 있기도 했지만, 저는 그 안에서 확실하게 힘을 키워 나갔다고 자부하고 있습니다.

> **YUMEKI의 꿈+실현 키워드** 오디션도 레슨의 하나라고 생각하라.

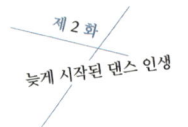

댄스를 시작하고 1년 만에 유닛에 발탁

이것저것 하면서 서툴러도 겉모습 따윈 개의치 않고 오디션을 계속 보러 다닌 중학교 1학년 겨울. 댄스를 시작하고 1년이 조금 지났을 무렵입니다. 아이들에게 매우 인기가 있었던 신발 브랜드 '슌소쿠(瞬足)'의 이미지 모델을 맡을 유닛의 오디션이 에이벡스 아티스트 아카데미의 수강생 대상으로 진행되었습니다. 오디션이라고 이름 붙은 것은 모두 참가하겠다고 마음먹고 지내던 저는 평소처럼 이 오디션에도 도전했습니다.

그러자 놀랍게도 결과는 첫 '합격'. 너무 놀랍고 또 기뻤지요. 드디어 내가 인정받게 되었구나 싶어 자기 긍정이 폭발적으로 상승했습니다.

그렇게 탄생한 유닛이 '슌소쿠 STEPPERS'입니다. 이벤트에 출연하기도 하고 신발을 신고 춤추고 영상을 찍기도 하는 등, 슌소쿠의 댄스 슈즈를 신고 1년 동안 활동했습니다.

수많은 스테이지에 올라 댄스를 선보이는 일을 통해 경험치가 올라갔고 무엇보다도 자신을 표현하고 남들이 봐주는 즐거움과 보람을 느끼며 지냈습니다.

그리고 중3이 되자 이번에는 에이벡스 댄스 마스터의 오디션에 합격하여 'Dream Team 입단'을 할 수 있게 되었습니다. 에이벡스는 일본에서도 최대 규모의 댄스 아카데미로 이 오디션에서는 매년 회사의 대표가 될 팀을 선출합니다. 임기 1년 동안 전국을 돌아다니며 쇼케이스에 참가하거나 큰 이벤트에 초대받아 퍼포먼스를 하기도 하여 어린아이들로서는 꿈 같은 활동을 할 수 있는 기회였습니다. 그때는 약 1만 7천 명 중에서 19명이 선발되었는데, 지금 생각해도 용케 뽑아 주셨구나 싶어 놀라울 따름입니다.

유소년기부터 댄스를 배우고 있는 아이가 꽤 많이 있었는데 그중에서 고작 3년 경력밖에 없는 제가 어떻게 뽑힐 수 있었을까요? 그것은 결코 스킬 면에서 뛰어났기 때문은 아니었습니다. 저 자신도 열심히 했다는 자부심은 있지만 그렇다고 댄스 경력이 긴 아이들을 스킬 면에서 이길 수 있을 정도로 만만한 세계는 아닙니다. 분명 저에게 숨겨진 개성과 가능성을 심사위원 선생님들이 알아채고 흥미롭게 봐주셨기 때문이었을 거로 생각합니다.

잘하는지 못하는지 또는 점수가 몇 점인지, 세상에서는 그런 척도로 판단되는 경우가 많은데 운 좋게도 제 경우에는 개성과 아티스트성을 중시해 주신 선생님 덕에 좋은 기회를 얻을 수 있었다고 실감합

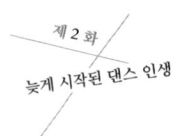

제 2 화
늦게 시작된 댄스 인생

니다. 자신이 가르치는 입장이 된 지금도 그 영향을 많이 받고 있으며 보통 사람이 보지 않는 곳에 있는 빛나는 재능을 중시하려 합니다. 저의 경험이 지금도 유효하다는 것을 느끼는 순간입니다.

그 팀에서는 당연히 모두의 수준이 높고 그중에서도 저는 나이가 특히 어렸기 때문에 정신적인 중압감도 엄청났지요. 저 자신도 멤버들 중에서 수준이 낮은 쪽이라는 건 알고 있었지만, 마음속에서는 '반드시 이 중에서 최고가 되겠다'라는 생각을 항상 품고 있었습니다. 부정적인 생각에 빠질 여유 따위 없지요. 마음이 꺾일 듯하면 합격했을 때의 기쁨을 떠올리고 매우 좋은 환경에서 댄스를 하는 일 자체에 감사하며 절대로 낙오되지 않을 거야~라는 다짐을 다시 하고는 했습니다.

그 합격을 손에 쥐기까지는 스스로도 댄스밖에 기억이 없을 정도로 날마다 댄스를 위해서만 살았습니다. 한정된 레슨 시간만이 아니라 집에서도 내내 음악을 틀어 놓고 혼자 연습했던 나날. 3층에 있었던 제 방 창문을 거울삼아. 특히 바깥이 어두우면 라이트가 켜져 있는 방 안의 모습이 창에 잘 비치게 되므로 밤 시간에는 지금이 기회라는 듯 그저 마음을 비우고 열중해서 연습했습니다. 지금처럼 YouTube에서 댄스 동영상을 볼 수 있는 시대도 아니었기 때문에 그저 견실하게 스스로 고안한 안무를 추었습니다. 솔직히 그 연습법이 옳았는가 생각하면 글쎄~싶기도 합니다만 그래도 댄스를 좋아하는 순수한 마음 하나로 열심히 했습니다. 귀중한 시간이었다고 지금도 느끼고 있지요.

그리고 음악에 대해 깊이 이해하려는 노력도 했습니다. 당시에는 HIP-HOP을 배우고 있었으므로 곡은 미국의 흑인 음악이 중심. 서양 음악을 접하는 일 자체가 처음이었습니다. 가령 레슨 중에 듣게 된 'I can feel'이라는 단편적인 구절로 시작해서 다른 가사도 조금씩 떠올리며 검색해 나가는 느낌. 그렇게 해서 나온 아티스트에 대해 알아보고 그 사람의 다른 곡을 듣습니다. 이렇게 하여 점점 더 넓혀 나갔습니다. 당시에는 스마트폰 같은 건 갖고 있지 않았으므로 워크맨을 들고 다니며 거기에 더 많은 새로운 곡을 추가하여 저의 오리지널 플레이리스트를 만들었지요.

음악을 연구하고 지식을 쌓는 일로 시야를 넓히고 그것을 댄스에 활용하는 일. 댄서가 가져야 할 그런 중요한 자세를 이른 단계에서 익힐 수 있었던 것은 저의 댄서 인생에서 커다란 수확이었다고 느끼고 있습니다.

> **YUMEKI의 꿈★실현 키워드**
> 자기 목표에 다가가기 위해서 지금 무엇이 필요한지, 선택 받을 사람은 알고 있다.

YUMEKI's HISTORY
유소년기 편

가족과 함께 자주 다닌 해외여행

괌, 사이판, 필리핀 등 해외나 디즈니랜드 등으로, 여행이나 멀리 떠나는 것을 자주 했던 가족이었습니다. 그것도 조부모님과 친척도 함께. 거의 단체 여행!

종종 다투었던 형과 예뻐했던 여동생

연년생인 형과는 매일 별것 아닌 일로 다퉜습니다. 한편, 여동생이나 남동생은 나이 차이가 있기도 해서 매우 귀여워했고 전혀 다투는 일이 없었습니다.

다양한 체험을
할 수 있었던 유소년기

부모님께서는 정말 다양한 곳에 데려가 주셨고, 많은 경험을 했습니다. 집에서도 친척 집에서도 개를 키우고 있어서 동물도 좋아했어요!

여러 가지를 배우며 도전!

형이 가라테를 배웠기 때문에 동생인 저도 그 길을 따르게 됐습니다(웃음). 호신술을 배우기도 하고 집중력을 키울 수 있었던 건 좋았지만, 전혀 빠져들지 못했죠.

제 3 장

미국에서 댄스 무사 수행

본고장에서 뼈저리게 느낀 자신의 낮은 수준

　졸업식을 끝낸 중학교 3학년 봄 방학. 저는 미국 로스앤젤레스(이하 L.A.)로 2주 동안의 단기 댄스 유학을 갔습니다. 어머니한테 소개받은, 아는 사람 하나 없는 투어였는데 물론 제가 최연소. 그래도 두려움보다 기대감이 훨씬 컸습니다.

　L.A.는 갖가지 엔터테인먼트의 발상지이자 본고장입니다. 저로서는 동경하던 땅이었지요. 그 무렵부터 스마트폰을 갖기 시작하여 미국 댄스나 스튜디오를 엄청나게 조사했기 때문에 한층 더 가고 싶은 마음이 깊어지기도 했습니다.

　그 투어는 본인이 원하는 클래스를 선택해서 수강하는 시스템이었습니다. 솔직히 선생님이나 장르는 잘 몰라서 '잘은 모르겠지만 이 레슨이 좋아 보인다'라는 느낌만으로 선택했습니다.

　단기 유학을 하기 전에 제가 마음속으로 정했던 것이 있습니다. '누구보다도 많은 선생님을 만나고 레슨을 받겠다'. 예를 들면 같은 장르의 댄스라 해도 선생님에 따라 교육 방식이 다를 것이고 전달되는 방식도 뉘앙스도 달라질 것이므로 다양한 패턴을 접해 두고 싶다고 생각했기 때문입니다. 그것이 내 가능성을 넓힐 거라 믿었습니다. 흑인 선생님, 백인 선생님에 국적도 제각각. 인기 있는 선생님의 레슨에만 치우치지 않고 그다지 수요가 없어 보이는 레슨에도 참가. 때로는 거의 일대일 수업인 날도 있었습니다.

그리고 그 2주 동안 제가 느낀 점은 '전혀 따라갈 수가 없다'라는 사실. 미국은 수준이 달랐습니다. 일본에서 미친 듯이 연습하고 경험치, 스킬 모두 쌓아 올려서 왔기 때문에 솔직히 '미국에서도 통하겠지'라는 가벼운 마음으로 참가했는데 한순간에 자신감이 산산조각으로 깨져 버렸습니다. 내 수준으로는 절대 통할 수 없구나, 하고.

새로운 댄스를 배워도 그것을 이해하려고 하는 사이에 바로 다음으로 나아가 버려서 뭐가 뭔지 모르게 되고 맙니다. 스피드가 일단 너무 빨라서 '지금 어디를 하는 거지?'의 연속이었어요. 옆에 있는 미국인들은 선생님이 하는 말을 바로 알아들어 표현하지만 저는 전혀 따라갈 수 없었어요. 그것은 언어 장벽 이전의 문제였습니다. 그래서 정말로 내가 100% 이해할 수 있고 흡수할 수 있었던 클래스는 그 2주 동안 하나도 없었습니다. 하루에 5개 정도의 레슨을 받았는데 그 모든 수업에서 박살이 나고 몸도 마음도 녹초가 되어 숙소로 돌아와 복습할 체력도 기력도 없이 잠들고 다시 다음 날 또 레슨을 향했지요. 오로지 그것만 계속 반복되었습니다. 자신이 얼마나 형편

없는지를 처절하게 깨달은 2주 동안이었습니다.

하지만 역으로 말하면 본고장 댄서들의 높은 수준에 감동받는 날의 연속이기도 했습니다. 미국은 무엇이든 최첨단이고 그 당시에도 지금처럼 YouTube나 Instagram 등의 SNS로 자기의 댄스를 선보이고 있는 댄서들이 많았으며, 내가 팔로우하고 있는 사람과 선생님이나 학생으로 함께하는 일도 있어서, 유행과 유명세 등에 자극을 받기도 했습니다.

그런 댄스 해외 연수였는데 귀국하여 어머니께 곧바로 했던 말이 '다시 미국에 가고 싶다'라는 거였죠. 분명 무참히 패배하고 왔지만 나에게는 공부가 더 필요하다는 걸 느꼈으니까요. 이왕이면 '한 번 가 봤으니 이젠 혼자서도 갈 수 있다'라는 식으로 큰소리쳐서 다음에는 여름 방학 때 한 달 동안 미국에 가기로 했습니다.

YUMEKI의 꿈+실현 키워드 우쭐했던 마음을 때려눕혀라.

댄스에 집중하려고 고등학교를 전학

그래서 여름 방학에 다시 미국으로 간 저는 지난번과 마찬가지로 엄청나게 당하고 돌아와서 '또 가지 않으면 안 된다'라고 부모님에게 간절히 부탁했습니다. 그 무렵에는 부모님도 눈치채고 있었습니다. 이 아이는 학교에는 흥미가 없고 댄스로 끝을 보려 하는구나, 하고.

그런 저를 부모님은 매우 걱정하고 있었습니다. 고등학교 졸업 후엔 어떻게 할 것인지, 백번 양보해서 대학은 안 가도 괜찮으니 적어도 고등학교 졸업 자격은 따는 게 낫지 않을지 하고, 저의 장래를 진심으로 걱정해 주셨습니다.

솔직히 말해서 저는 학교 따위 갈 필요가 없지 않나, 댄스만 할 수 있으면 되지 않나 생각하고 있었습니다만. 그리고 제가 하고 싶은 것을 우선으로 하지 않으면 납득할 수 없는 성격인 데다 나이로 보아도 부모에게 반발하는 시기여서 몇 번이고 충돌이 있었습니다. 하지만 저에 대해 누구보다도 잘 이해하고 있는 사람은 부모님이죠. '이 아이는 스스로 결정한 것은 누가 무어라 해도 한다'라는 건 부모님도 잘 알고 있었으므로 고등학교 2학년으로 올라갈 타이밍에 전학하는

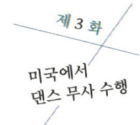

것을 허락해 주셨습니다. 이제부터 미국을 오가며 지낼 것이니 출석 일수 요건이 엄하지 않은 통신 교육 제도의 고등학교가 나을 것으로 생각한 거죠. 그리고 금전적인 면에서도 고등학교를 졸업할 때까지는 서포트를 하기로 약속해 주셨습니다.

저는 고등학교 졸업장 자체는 솔직히 있으나 마나 상관없었지만, **고등학교를 졸업할 때까지 프로 댄서로서 생계를 유지할 가능성을 만들어 두지 않으면 안 되는 시간적 제한이 명확해진 것이 컸다고** 생각합니다. '고등학생일 때 나의 새로운 길, 프로가 될 길을 모색하자'라는 진심 스위치가 켜진 것이었지요. **언제까지고 이렇게 기대 살 수는 없어.** 맞습니다, 현실을 냉정하게 보기 시작한 것도 이 무렵부터였던 것 같습니다.

그래서 부모님께 감사하고 있습니다. 학업에 대해서는 항상 걱정하셨지만 제가 댄스에 몰두하여 열심히 하는 것에 대해서는 그저 지켜보는 자세로 지지해 주셨습니다. 부모님이 돈을 주시지 않았다면 그 후에 미국에 오가는 것도 불가능했을 것이며 부모님 덕에 지금의 제가 있는 것은 틀림없는 일입니다.

> **YUMEKI의 꿈 ✦ 실현 키워드**   **시간제한이 나에게 진심의 불을 지피다.**

피부로 느낀 일본과 미국 댄스 각각의 장점

이렇게 고등학교 때는 일본과 미국을 오가는 생활을 했지요. 여러 번 오가는 사이에 미국에 댄스 친구도 생겼습니다.

일본에서 댄스를 배울 때에는 저도 그랬던 것처럼 어딘가 댄스 스쿨에 들어가서 정해진 요일, 시간에 정해진 선생님에게 배우는 것이 일반적입니다. 반면에 미국은 그런 시스템이 아니라 스스로 좋아하는 댄스 스튜디오의 문을 두드리고, 관심이 가는 레슨을 개별적으로 수강하는 구조입니다. 거기서 마음이 맞는 친구가 생기는 겁니다.

애초부터 미국이라는 나라는 다양한 국적의 사람들, 여러 인종이 모여 있는 나라이므로 주위 사람에 대해 오픈 마인드였지요. 그래서 아시아인 소년이 거기 있어도 특이하다거나 어떠하다고 생각하지 않습니다. 그런 문화라서 저는 마음이 매우 편했습니다.

그렇지만 언어의 벽은 역시나 느꼈습니다. 가족도 없으므로 곤란하면 스마트폰으로 찾아볼 수밖에 없었지요. 하지만 스스로 어찌해서든지 해 내겠다는 각오를 하고 미국에 왔기에 그것이 일상의 한 장면이 되어 있긴 했지만 괴로워서 울고…… 하는 식의 일은 전혀 없었

제 3 화
미국에서 댄스 무사 수행

습니다. 영어는 듣고 따라 하면서 어떻게든 해 나갈 수 있었습니다.

사실 지금 생각하면 15~16세에 L.A.를 혼자서 돌아다녔다는 것부터가 약간 무서운 이야기이긴 합니다. 근성과 호기심만으로 힘껏 질주했던 것 같습니다.

3개월에서 반년 정도의 간격으로 미국에 가서 최저 1~3개월 동안 지내며 댄스에 빠진 생활을 했지요. 고등학교 시절에는 대략 일본과 미국을 반반 정도 오가며 생활했습니다.

미국에서의 레슨은 워밍업이 없고 시작과 동시에 갑자기 안무에 돌입하여 그대로 마지막까지 달려가 끝내는 느낌. 그에 반해 일본에서의 레슨은 기초를 제대로 하고 그다음에 안무를 하는 스타일. 그래서 일본에 있는 동안에는 기초 부분을 강화하고 미국에서는 어쨌거나 양을 다 소화해 내어 실천 부분을 단련했습니다.

미국의 댄서들은 어릴 때부터 댄스나 발레를 했던 사람이 많아서 기초를 습득한 상태에서 응용 클래스에 들어오는 게 일반적인 코스. 기초와 응용을 동시 진행으로 배우는 일본과는 처음부터 방식이 다릅니다. 상급자라도 제대로 기초부터 시키는 일본과 상급 코스는 기초가 탄탄히 세워져 있다는 것을 전제로 진행하는 미국. 그래서 미국에서는 다들 무엇이든 할 수 있고 선생님도 '되는 게 당연하다'라는 전제로 레슨을 전개합니다. 제가 처음에 레슨을 따라가는 것만으로도 벅찼던 건 당연한 이야기. 미국에서 다 소화하지 못한 부분을 일본에 돌아왔을 때 보충하는 것이 저의 루틴이었습니다.

 이런 식으로 두 나라의 댄스 문화를 깊이 배울 기회를 얻은 것도 댄서로서의 저의 강점입니다. 착실하게 기초를 쌓아 올리기 때문에 단숨에 성장할 수 있는 것이 일본의 스타일. 한편 미국은 어떻게든 수준 높은 지점으로 뛰어들어 단련해 나가는, 그야말로 '무사 수행 스타일'. 안심할 수 있는 환경에 몸을 던지는 것도 좋은 일이지만, 자기 영역 이외의 장소로 발을 들이는 것은 자극적이기도 하고 그곳이 아니면 맛볼 수 없는 감각, 감성을 연마할 수 있었다고 느낍니다.

 두려움? 있었지요, 물론! **언어도 통하지 않고, 나에게 무슨 말을 하는지도 이해할 수 없고, 내 행동이 맞는지조차 알 수 없었지요. 불안하기만 했습니다.** 하지만 매번 레슨이 시작되기 전에 '나 자신과의 승부다'라고 강한 다짐을 품고 임했습니다.

 언어는 일단 '전달되면 OK' 정도의 기분으로 하자고 마음먹었습니다. 왜냐하면, 틀리면 어떻게 할까, 말을 못 해서 이상하게 보이면 싫은데, 라는 식으로 일일이 생각하게 되면 견뎌낼 수가 없거든요. 그런 작은 일에 신경 쓰는 가치관에서 벗어나지 않으면 스스로 변할 수 없다는 것은 알고 있었습니다. 남 앞에 서는 일을 하는 사람은 적극적인 의지가 반드시 필요하다고 생각했으므로 사람과의 커뮤니케

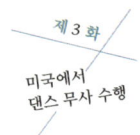

이션이 딱히 원활하지 않았던 저에게 그것도 크게 극복해야만 할 벽이었던 것 같습니다.

원래부터 미국인은 가령 엘리베이터에서 함께 탄 사람에게 "그 신발 멋진데" "오늘 날씨 좋네"라는 식으로 말을 거는 게 보통이지요. 10초 대화하고 두 번 다시 만나지 않을 듯한 사람과의 커뮤니케이션이 일상다반사이므로 이쪽도 깊이 생각하지 않고 대화할 수 있게 됩니다. 게다가 역시 젊음이란 대단합니다. 미숙해도 실패해도 '뭐, 됐어!'라는 기분으로 나아갈 수 있었거든요.

장소가 L.A.였던 것도 컸다고 생각합니다. 어쨌든 전 세계에서 사람이 모여드는 대도시이므로 국적, 연령, 성별, 피부색, 눈동자색…… 어떤 속성을 가졌든 당연하게 받아들여 줍니다. 영어를 잘하지 않아도 그것도 문제가 되지 않습니다.

해외에 가서 가장 좋은 것은 그 나라 문화를 배울 수 있는 점이라고 저는 생각해요. 그것은 댄서에만 한정된 이야기가 아니라 어떤 직업이라 하더라도 플러스가 되는 부분이 반드시 있을 겁니다. 그래서 저는 성장할 수 있었습니다. 지금은 L.A.가 제2의 고향 같은 느낌입니다. 1년에 한 번은 돌아가고 싶어집니다.

그런 L.A.의 문화 덕분에 미국에 있을 때의 저를 좋아했습니다. 모든 것을 인정해 줄 수 있을 듯한 기분이 들었거든요. 물론 근본적인 성격까지 변하는 건 아니지만 미국에서 생활했던 그 무렵은 활기가 넘쳤고 마음도 열려 있어서 댄스에도 좋은 영향을 미쳤다고 느낍니다.

지금은 SNS가 당연한 시대가 되고 알고 싶은 정보는 뭐든 곧바로 얻을 수 있습니다. 그것도 진짜 체험한 이야기나 동영상까지 같이 있지요. 하지만 당시에는 달랐습니다. 저에게는 오히려 그게 좋았던 것 같습니다. 알고 싶은 게 있으면 직접 그 세계로 뛰어들어서 내 피부로 느끼고 내 손으로 더듬어 나가는 것. 그러한 모든 경험은 분명 그 시대였기 때문에 가능했던 일이고, 지금 시대였다면 경험할 수 없었을 것 같습니다. 시대에도 감사하고 있습니다.

> **YUMEKI의 꿈+실현 키워드** 기초가 없는 응용 따위, 언제 무너져 내려도 이상할 것 없다.

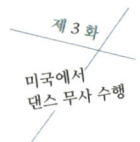

일본에서의 홈그라운드는 시부야의 미야시타 공원

고등학교 시절은 미국에서의 추억으로 가득합니다만 그래도 일본으로 귀국했을 때는 일본에서 제대로 청춘을 맛보았습니다. 물론, 댄스로요.

함께 무언가를 만들고 싶다, 표현하고 싶다고 느낀 사이 좋은 동세대 댄서들과 모여서 연습도 하고 콘테스트에 출전하기도 했지요. 지금도 댄서로서 활동하고 있는 멤버에게서는 일본에서의 저의 작업에 도움을 받기도 하고 오래도록 잘 지내고 있습니다.

콘테스트를 위해 도쿄의 시부야에 있는 미야시타 공원(현재 MIYASHITA PARK)에서 종종 연습했지요. 타이밍을 맞춰서 대여 스튜디오를 예약하고 돈도 똑같이 나누어 지불하는 건 고등학생으로서는 어느 정도 허들이 높은 일이었으므로 곧바로 모여서 연습할 수 있었던 미야시타 공원은 홈그라운드와도 같은 장소. 모두 함께 모일 수 있는 극히 한정된 시간에 집중적으로 열심히 연습했습니다. 겉이 유리로 된 건물 앞에서 실루엣을 비춰 보며 춤을 추는 식이었지요. 청춘이었습니다! 여러분이 예전에 길에서 우연히 보았던, 춤 연습을 하고 있던 댄서는 어쩌면 그때의 저였을지도 모르겠네요. 다들 집착이 강해서 각자가 납득할 수 있을 때까지 집에 가지 않는 엄격한 면이 일치했던 그런 멤버들이었습니다.

출전했던 콘테스트에서는 종종 우승했습니다. 제가 일본에 있는 시간이 적었으므로 그리 많은 활동을 하지는 못했지만 지방이나 현의 대회에서는 좋은 성적을 남겼습니다.

하지만 저는 승부를 겨루는 일을 그리 좋아하지는 않아서요. 지는 것을 못 견디는 성격이긴 하지만 승부와 댄스를 결부시키는 것을 좋아하지는 않았습니다. 지금도 그 생각에는 변함이 없습니다. 댄스는 승부로 판단할 수 없을 정도로 엄청난 파워를 가진 엔터테인먼트라고 생각하기 때문이지요.

그래서 콘테스트는 추억이자 우리 경험의 증거로 출전했던 느낌이었습니다. 물론 우승이라는 결과를 남길 수 있었을 때 기쁘긴 했지만 팀워크, 우정, 활동하는 기쁨을 더 소중히 했기 때문에 우승에만 얽매여 있지는 않았습니다.

> **YUMEKI의 꿈✦실현 키워드** 댄스라는 표현에 이기고 지는 것 따위는 없다.

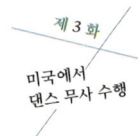

인생 첫 일

아직 한참 미숙한 저였지만 처음으로 정식 무대에서의 '일'을 받게 된 것이 17세였을 때. Presley Tennant 님이라고 하는, 저와 동 세대인 신인 아티스트의 백댄서로서 이벤트에 출연하게 되었습니다.

미국에서 다양한 댄스 레슨을 받다 보면 댄스 업계 관계자들과 연결되는 일이 생기곤 하는데요. 저도 그 무렵에는 숙달된 스킬을 갖고 있었고 레슨 내용도 이해하고 저 나름의 표현도 할 수 있게 되었지요. 그래서 제안을 받았다고 생각합니다. 어느 레슨 선생님으로부터,

"내가 그 이벤트 연출과 안무를 담당하고 있는데, 너도 참가해 주면 좋겠다."

하고. 솔직히 그때는 어떤 이벤트인지도 잘 몰랐지만 '일단 무엇이든 해 보겠다'라는 정신을 갖고 지냈기 때문에 물론 참가! 백댄서는 모두 미국인이었고 아시아인은 나 혼자. 내가 태어난 나라가 아닌 땅에서, 쓰는 언어도 다른 그런 곳에서, 내가 좋아하는 일을 할 수 있고 게다가 돈까지 받을 수 있다는 거예요. '아아, 나는 지금 엄청난 환경에 있구나' 하면서 감동하고 말았습니다.

그때는 선생님과 곁에 있는 댄서들로부터 정말 도움을 많이 받았습니다. '내일은 몇 시부터 리허설이다'라든가 '준비물은 이것과 이것'이라는 식으로 사무적인 연락을 하는 영어조차 이해할 수 없어 마치 학교 선생님과 학생 사이처럼 일일이 친절히 알려 주었지요. '댄스만 잘한다고 일을 얻을 수는 없다'라는 사실을 실감한 사건이었습니다.

그때 받은 급료는 일본 엔화로 2만 엔 정도였던 것 같은데요. 정말로 기뻤습니다. 댄스 슈즈와 댄스 캡을 사는 데 써 버렸지만요.

여전히 Presley Tennant 님과도 댄서들과도 SNS로 이어져 있습니다. 돌아보면 지금의 제가 되기까지는 만남이 굉장히 중요한 요소였다고 느낍니다. 이 만남은 각오하고 혼자 유학 가서 스스로의 힘으로 행동했기 때문에 생겼습니다. 제가 다가오게 만든 인연이었다고 자신 있게 말할 수 있습니다.

> **YUMEKI의 꿈+실현 키워드**　인연은 행동력에 깃든다.

YUMEKI's HISTORY
댄스 입문기 편

인생 첫 프로필 사진

에이벡스 아티스트 아카데미에 들어갔을 때 촬영한 홍보용 사진. 인생 첫 프로필 사진인데 당시에는 사진을 위해 포즈 취하는 것이 서툴러서 내심 동요하고 있었습니다.

댄스에 청춘을 바친 중학교 시절

댄스를 배우기 시작한 뒤 '패션도 댄스의 일부'라 하면서 꾸미는 것에 대한 의식이 변하여, 피어싱을 하기도 하고, 캡에 집착도 하며 즐겼습니다.

> 오디션에서 마침내 합격한
> [슌소쿠 STEPPERS]

댄스를 시작하고 1년 정도. 완전히 빠져들어 계속 도전했지만, 또 계속 탈락했던 오디션에서 처음으로 합격한 것이 '슌소쿠'의 댄스 슈즈 이미지 모델. 초등학생에게 매우 인기가 있었던 패션지 <니코☆부치>의 쇼 등 다양한 스테이지를 경험할 수 있었습니다.
<니코☆부치> 2013년 8월호

제 **4** 장

YUMEKI, 코레오(choreo)를 만나다

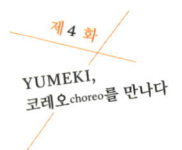

코레오그래피(choreography)란

일본에서는 HIP-HOP을 중심으로 배워 왔지만, 미국에 간 후로는 제가 현재 직업인 '코레오그래피'와 만나게 됩니다.

'코레오그래피'를 검색하면 '안무'라고 나오겠지요. 일반적으로 곡의 안무를 코레오그래피(코레오라고 짧게 말하기도 함)라고 부릅니다. 덧붙이자면 저에게는 안무임과 동시에 음악이 가진 색과 특성을 인간이 해석한 것이기도 합니다. 기계는 만들 수 없는 인간의 감성 부분을 형상화한, 말하자면 그림 같은 예술과 동종의 것이며 인간의 뇌 속에서 상상을 통해 생겨난 것을 형태로 만드는 작업이 코레오그래피라고 생각하고 있습니다.

그리고 그것은 그저 음악에 동작을 맞춘 단순한 것이 아닙니다. 음악이 가진 무한한 가능성에서 다양한 사물과 현상이 생겨나, 그것이 발전하면 안무가 됩니다. 크게 해석하면 코레오그래피도 음악 표현의 일부가 아닐까 생각합니다.

음악이든 문화든 모든 것이 마찬가지일 것 같은데, 미국에서 시작된 것이 아시아에 들어오기까지는 어느 정도 시간이 걸립니다. 체험으로 말하자면 미국에서 제가 배운 것이 몇 개월 뒤 귀국했을 때 일본에서도 유행하기 시작하는 듯했어요. 댄스에는 트렌드도 빠뜨릴 수 없는 요소이므로 중학교를 졸업할 타이밍에 미국 문화를 가장 먼저 느낄 수 있었던 저에게는 매우 좋은 환경이었다고 생각합니다.

가령 HIP-HOP이라는 장르는 미국 흑인들이 중시했던 스트리트라는 문화가 근본에 있습니다. 그럼 일본에서는 어떤가 살펴보면 약간 다른 일본 스타일의 HIP-HOP입니다.

그렇다면 미국이 최고이고 일본은 좋지 않다는 말이냐, 그런 것은 전혀 아닙니다. 제가 일본에서 배운 댄스의 기초 부분은 확실히 도움이 되었고, 일본과 미국의 댄스 장르는 다르다고 하기보다는 '폭이 넓어졌다' 같은 느낌이죠. 왜냐하면 일본에서는 댄스를 장르로 나누어서 생각하는 경향이 있어 '전문은 무슨 장르입니까?'라고 묻는 댄서도 꽤 많이 있거든요. 실제로 일본의 댄스 교실에서는 'HIP-HOP' '재즈' '발레' 등으로 클래스가 세세하게 나누어져 있는데 **미국에서는 장르라는 틀을 넘어서서 '댄스'라는 하나의 커다란 카테고리로 되어 있거든요. 그리고 그것이 거의 모두 '코레오그래피'**입니다. 일본처럼 댄스를 하나하나 장르로 나누어 생각하거나 상대가 그중에 무엇을 경험했는지를 묻거나 하는 문화는 미국에서는 없었습니다.

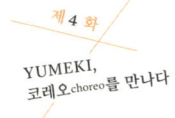

그런데도 미국에서 수업에 들어가면 같은 '코레오'의 클래스임에도 불구하고 선생님에 따라서 내용도 사용하는 음악 장르도 전혀 다릅니다. 굳이 말하자면 선생님 자신이 하나의 장르가 되어 있는 느낌이에요. 개성과 아티스트성을 중시하는 미국의 국민성이 드러나는 것일지도 모릅니다. 일본의 댄스 클래스에서 제가 배웠던 '코레오그래피=안무'와는 다른, 장르를 초월한 것이 미국에서는 존재했던 겁니다.

그 경험이 지금의 코레오그래퍼로서의 저를 만들고 있다는 것은 의심의 여지가 없는 사실입니다. 제가 안무가가 되어 이렇게 많은 일을 맡게 된 것도, 일본 스타일과 미국 스타일 두 가지를 익힌 상태로 한국으로 가서 한국 사람들로부터 '본 적 없는 댄서다'라는 평가를 받을 수 있었던 것도 그것 때문이라고 생각합니다.

| YUMEKI의 꿈◆실현 키워드 | '모두 다르고 모두 좋다'라는 사고방식으로 시야를 넓힌다. |

YUMEKI 스타일로 음악을 받아들이는 방식

　제가 다른 댄서분들과 코레오그래퍼로서 크게 다른 부분이 음악에 대한 지식과 이해의 깊이감이라고 자부하고 있습니다. 그 이유는, 미국 생활을 통해서 다양한 음악을 알게 되고 피부로 느끼고 많은 경험과 연구를 해 왔기 때문입니다.

　미국은 어릴 때부터 흑인 음악을 들으며 자라 온 사람이 많아서 댄스를 하든 하지 않든 리듬감, 음악에 대한 감수성이 날카롭다는 특징이 있습니다. 하나의 음악에 대해서 그 리듬을 우리보다 2배 정도로 세세하게 카운트합니다. 우리가 4비트라고 느끼는 음악을 미국인은 8비트로 해석한다고 하면 이해가 될까요?

　그래서 자연스럽게 리듬이 빨라지고 안무 움직임도 세세하고 복잡해져서 난이도도 올라갑니다. 넋 놓고 보면서 '왜 이렇게 멋진 거야' '이 차이는 뭐지?'하고 생각했을 때, 그렇구나, 음악을 받아들이는 방식이 다르구나, 하면서 납득했지요.

　저는 음악을 만들지는 않지만, 만들고 싶은 것에 대한 디렉팅이나 지도는 할 수 있습니다.

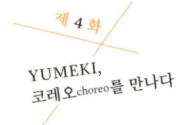

제 4 화
YUMEKI, 코레오 choreo 를 만나다

  그 배경으로, 미국에서 음악과 관련되는 일이 한층 더 많았다는 점을 들 수 있습니다. 음악 제작 현장을 보러 갔던 것도 한두 번이 아닙니다. 음악의 더욱 깊은 면을 알아가는 연구를 거듭하면 안무에 깊이가 생겨난다고 믿고 있었습니다. 그래서 다른 안무가들에 비해서 저는 음악 지식이 많다고 생각하고 있고, 자신도 있습니다.

  저는 댄스나 안무는 음악을 계기로 하여 깊이를 더해가는 것이라고 생각하고 있습니다. 그래서 음악을 연구하고 있다는 것은, 그만큼 음악적 표현 방법의 폭이 넓고 곡에 대한 해석이 깊다는 말이 됩니다.

  저는 지금까지 팝스에서 클래식, 민족 음악까지 가능하면 폭넓은 음악을 접하고, 해석을 쌓아 올리려고 노력해 왔습니다. 음악마다 반드시 특징이 있습니다. 어떠한 리듬을 새기고 있는지. 어떤 음을 가져와서 어떤 식으로 이어서 어떻게 자르고 있는지. 악기는 무엇을 사용하고 있는지. 그런 시점에서 듣고, 나라면 몸으로 어떻게 표현할지를 생각하는 것이지요.

  그리고 음악에는 트렌드가 있다는 것도 특징입니다. 현대에서는 SNS로 어떤 음악이 인기가 있는지 곧바로 분석할 수 있습니다. 최근에는 아프리카에서 생겨난 아프로비트라는 장르가 유행하기 시작했고, 그 음악을 사용한 춤 장르도 생겨났고, K-POP을 만들고 있는 사람들도 도입하면서 새로운 음악으로서 선보이는 움직임이 있었습니다. 그런 식으로 새로운 음악이 생겨나면 독창적인 새로운 안무도 필요하게 됩니다. 그러한 때에도 음악에 대한 경험, 다양한 지식을 갖고 있는 것은 무기가 됩니다.

그리고 새로운 음악을 발견하는 일도 중요하지만, 더욱 중요한 것은 어떤 식의 독창성을 갖고 그것을 해석하는가? 하는 점입니다. 그거야말로 코레오그래퍼에게 요구되는 감각이라고 생각합니다.

YUMEKI의 꿈✦실현 키워드

'나무를 보고 숲을 보지 못하는' 상태로는 성공할 수 없다.
끝장을 보려면, 그 배경에 대해서도 깊이 이해할 것.

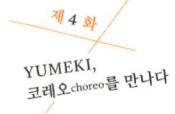

나카소네 리노 님과의 만남

당시에 일본인이면서 L.A.에서 활약하고 있던 분이 몇 분 계십니다. 댄서로서 시대의 선두를 달리고 계셨던 분들이라 생각합니다. 예를 들자면 〈댄스 고시엔〉 등의 프로그램에 출연하고 있었던 리키마루 님입니다. 저는 미국에서 리키마루 님의 레슨을 듣고 있었는데, 일본에 와 있던 어느 날 리키마루 님으로부터 "도와줬으면 하는 일이 있다"라는 말을 들었습니다. 자세히 모르는 채로 현장에 갔더니 거기 있는 사람은 나카소네 리노 님이었습니다. 알고 보니 리노 님이 "도쿄에 괜찮은 댄서, 새로운 댄서는 없나?" 하고 리키마루 님에게 상의했던 것 같더라고요. 제가 일본으로 돌아와 있던 타이밍과도 겹쳐서 제안해 주신 거였습니다.

저는 무례하게도 나카소네 님에 대해 전혀 몰랐습니다. 그래서 알아보았더니 엄청난 경력이 나오고 또 나오더군요……. 특히 자넷 잭슨 님의 안무가라는 것을 알았을 때는 전율했습니다. 그렇게 큰 세계에서 활약하는 사람이니 분명 무서운 분이고 틀림없이 엄할 거라고 혼자서 상상하고 있었는데, 실제로 만났을 때의 첫인상은 지금과 다를 바 없었고 언제나 들뜬 기분으로 굉장히 밝고 사랑이 넘치는 분이었지요. 소탈하고 매우 상냥한 면을 볼 때 미국에 오래 살고 있는 사람 특유의 분위기를 느꼈습니다.

저는 처음 만나는 사람과 친해지기까지 시간이 걸리는 편이었는데 리노 님은 밝은 성격에 거침없고 적극적으로 다가와 주시는 분이어서 덕분에 금세 마음을 터놓을 수 있었습니다.

리노 님은 그때 샤이니가 일본에서 발표할 신곡 〈너 때문에〉의 안무를 디렉팅하고 있었는데 제가 제안받은 건 거기에 '더미 댄서'라는 형태로 들어가는 일이었습니다. '더미 댄서'라는 건 안무 제작 단계에서 아티스트 대신 춤추는 댄서를 말하는데, 안무가는 더미 댄서의 퍼포먼스를 보고 안무의 완성도를 확인합니다. 때로는 그 안무를 아티스트 본인에게 가르쳐주는 일도 있습니다. 하지만 그때의 저는 더미 댄서라는 일이 존재한다는 것조차 알지 못했기 때문에 처음에는 뭐가 뭔지 하나도 모르는 느낌이었습니다만, 그럭저럭 3일 동안 형태를 만들었습니다. 그리고 실제로 샤이니의 멤버 여러분들과 합류하여 저는 처음 만난 태민 님에게 안무를 일대일로 지도했던 겁니다. 황공하게도! 사실 당시의 저는 아직 16세 고등학생이었거든요. 그것도 댄스 경력이 5년 될까 말까 하는 정도였지요. 그 5년이 매우 짙었다고 말할 수도 있긴 하지만 그냥 댄스를 좋아하는 소년이 세계

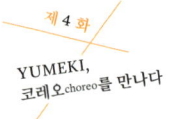

적으로 활약하고 있었던 샤이니에게 안무를 지도하다니, 약간 비정상이잖아요. 리노 님은 역시 아주 특이하다고 생각합니다.

그런데 리노 님이 자주 말씀하셨던 게 '스타성이 넘치는 아이는 꼭 세계로 내보내야 한다'라는 이야기였지요. 리노 님은 그런 인재를 발견하는 일을 빼어나게 잘합니다. 보는 눈이 있는 거지요. 기쁘게도 저도 마음에 들어 해 주신 것 같았습니다.

리노 님은 댄스 장르에 구애받지 않고 하나의 엔터테인먼트로서 댄스의 폭을 넓혀 나간 분. 안무에 대해서도 그렇고, 악곡에 대한 이해도, 퍼포먼스의 표현력, 그 모든 것이 다이나믹하고 미국 스타일이라는 인상!

그리고 저는 리노 님의 모습을 보고 처음으로 '안무가'라는 직업을 알게 됩니다.

그 뒤 샤이니의 일본 투어에서 저는 안무가의 어시스턴트로 지명되었습니다. 투어 몇 개월 전부터 리노 님을 따라다니고 그분이 디렉션하는 스테이지의 내용과 안무를 외우고 그것을 멤버들에게 가르쳐 나가는 거지요. 그때 안무가로서의 직업 프로세스에 대해 어느 정도 배우게 되었습니다. 이 경험은 그 후 제가 한국으로 건너가 안무가로 활동할 때의 토대가 됩니다.

그때는 보는 것 듣는 것 모든 게 새롭게 느껴졌습니다. 새로운 현장, 처음 보는 프로세스. 지금까지 텔레비전에서 보았던 아티스트의 무대 뒤를 직접 눈으로 보았고, 그 일원으로 넣어 주신 일은 매우 귀중한 경험이 되었으며 그 고됨을 일찍부터 알 수 있었습니다.

솔직히 처음에는 '안무가 = 무대 뒤에서 일하는 사람'이라는 이미지가 있었습니다. 밖으로 나가서 직접 퍼포먼스를 하는 것이 아니므로. 하지만 아티스트를 빛나게 하는 그 직업의 본질을 피부로 느끼고, 정말로 멋지고 아무나 할 수 있는 직업이 아니라고 생각했습니다.

그 후에 경험한 일 중에는 단순히 안무를 외워서 가르치는 현장도 있었지만, 리노 님의 작업은 달랐지요. 그 과정 전체에는 리노 님의 연구를 통해 생겨난 열정 같은 것이 담겨 있었고 강한 집착을 느낄 수 있었습니다. 그 자리에서 안무가 바뀌는 일도 자주 있었습니다. 그래서 리노 님의 현장에서는 대응력과 체력 등이 요구됩니다. 하지만 그만큼 작품은 한층 훌륭한 만듦새로 완성되고 현장에서도 배우는 점이 많습니다.

이렇게 리노 님에게 배우게 된 일을 계기로, 언젠가는 나도 리노 님처럼 안무가가 되고 싶다는 커다란 꿈을 품게 되었던 것은 틀림없습니다.

댄스를 잘할 수 있게 되려면 연습을 많이 반복해야 하지요. 그리

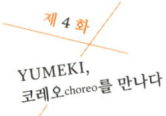

고 어느 정도 연습을 하면 웬만큼은 실력이 좋아지지만, 안무에 관해서는 완전히 다른 이야기입니다. 원래부터 배우는 것이 아니거든요. 그림을 그리는 것과 마찬가지로 그 사람만이 가진 감각에 많은 것이 좌우됩니다. 즉 아티스트성이 그대로 드러나는 직업이라는 점에서도 저에게는 도전할 값어치가 있었고 매력적으로 비쳤습니다.

> **YUMEKI의 꿈✦실현 키워드** 스승의 등 그 너머에, 내가 원하는 미래가 있을지도 모른다.

RIEHATA 님과의 만남

제가 한국으로 거점을 옮기기 전까지는, RIEHATA 님의 일도 자주 도왔습니다. 리노 님도 RIEHATA 님도 저에게는 위대한 스승. 감사한 사제 관계를 지금까지도 견고히 만들어 주고 계십니다.

RIEHATA 님은 아시는 것처럼 레이디 가가의 백댄서나 BTS의 안무 등을 작업한 매우 유명한 댄서이자 안무가이시죠. 일본 아티스트의 안무도 다수 작업하고 계셔서 일본에서도 유명합니다.

만남은 미국에서. 저는 18세 정도였을 겁니다. 당시 이미 활약하고 있었던 RIEHATA 님의 워크숍이 L.A.에서 가장 유명한 스튜디오인 '밀레니엄 댄스 콤플렉스'에서 개최된다는 것을 듣고 수강한 것이 첫 만남이었습니다.

한 번 딱 봤을 때 '스타다!'라며 압도되었습니다. 마치 연예인을 보는 듯한 느낌이었죠. 그 레슨이 끝났을 때 인사를 했는데 "같은 일본인이네" 하며 기억해 주셨습니다. 그 후 한국으로 여행 갔을 때도 마침 RIEHATA 님의 워크숍이 있어서 수강했더니 "이 아이 또 있네!"라고. 그때부터였어요, 서로 연락하게 된 것이.

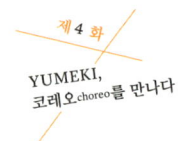

그런 RIEHATA 님으로부터 어느 날 **"더미 댄서로서 도와주면 좋겠다"** 라는 연락을 받았습니다. 생각지도 않았던 찬스! 누구의 더미 댄서인가 궁금했는데 엄청난 사람들이었어요. BTS, NCT, 보아……! 리노 님도 그렇지만 어째서 이렇게 풋내기인 나에게 그런 엄청난 일을?! 하고 그 가치관에 놀라고 말았지요.

RIEHATA 님의 작업 방식은 리노 님과는 또 달랐습니다. 리노 님은 현장에 들어갈 때는 이미 여러 가지를 정해 놓고 있어서 미리 준비해 온 내용을 며칠 동안 나누어 천천히 실행하는 프로세스. 그에 반해 **RIEHATA 님은 때로는 안무를 생각하지 않고 현장에 들어가기도** 하는 거였어요. '이제부터 생각할 거예요'라는 느낌이었어요. 하지만 거기서부터가 엄청납니다. 뭐든 파악하는 게 빠르고 프로세스도 확확 진행됩니다. 그리고 그 현장에서 느끼는 영감에 따라 척척 정해 나가는, **말 그대로 천재.** '이거 해 봐. 다음엔 이거'라는 느낌으로 어땠거나 눈이 핑핑 돌게 빠릅니다. RIEHATA 님은 천재라서 괜찮지만, 우리 더미 댄서는 죽기 살기로 따라가야 합니다. 하지만 그만큼 그날 하루 동안에 엄청나게 실력이 향상됩니다. 일단 스킬이 높지 않으면 따라갈 수 없고, 몸을 쓰는 법부터 동작을 외우는 능력까지 어땠거나 계속 연마해야만 합니다. 그렇게 하지 않으면 일을 할 수 없게 됩니다.

RIEHATA 님의 '반드시 할 수 있다'라는 압도적인 자신감은 유일무이하죠. 그것을 정확하게 언어로 바꾸어 주위 사람들에게 나누어 주는 힘도 있습니다. 언제나 플러스의 사고방식으로 지친 모습을 전혀 보이지 않는 것도 프로 중의 프로라고 느꼈습니다.

그리고 현장에 들어가기까지는 맨손 상태인데 단 하루 만에 굉장히 매력적인 작품을 완성해 버리니 역시 대단합니다. 그래서 제가 생각하는 RIEHATA 님의 작업에 대한 인상은 '효율 중시, 결과 중시'.

지금 저의 안무 스타일은 리노 님, RIEHATA 님의 딱 중간 정도 일지도 모릅니다. 현장에 들어가기 전에 꼼꼼히 준비하는 것은 리노 님 방식. 하지만 효율 높게 진행하고 싶다고 점은 RIEHATA 님의 스타일입니다. 그래서 제가 말한 것을 바로 표현할 수 있는 높은 스킬을 가진 더미 댄서는 필수입니다. 그렇게 생각하면 저에게는 선생님 두 분의 피가 흐르고 있는 것 같은 느낌이 듭니다.

리노 님과는 〈PRODUCE 101 JAPAN THE GIRLS〉의 댄스 트레이너로서 함께 일을 했고 RIEHATA 님과도 해외 워크숍에서 같은 강사라는 입장에서 재회하는 일이 많습니다. 지금도 만나면 밥 먹으러 가기도 하는데 남동생이나 어린아이처럼 귀여워해 주십니다. 화제는 기본적으로 일 이야기입니다. 저의 고민을 자연스럽게 끄집어내어 주시는 면을 두 분은 갖고 있습니다.

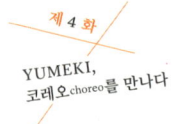
제 4 화
YUMEKI,
코레오 choreo를 만나다

　가령 2년 정도 전. 한국에 이대로 머무를 것인지 새로운 환경에서 도전할 것인지로 고민하고 있을 때 이야기를 들어 주기도 하셨어요. 역시 두 분 모두 해외의 가장 선두에서 활약하고 계시므로 이야기를 듣는 것만으로도 엄청나게 자극을 받습니다. 그 외에도 생활에 대해서나 인간성에 대한 것 등 두 분이 평소에 주의하고 있는 일로부터도 언제나 가르침을 받고 있습니다.

　저에게는 리노 님도 RIEHATA 님도 존경하여 마지않는 평생의 스승입니다.

> **YUMEKI의 꿈+실현 키워드**
>
> **저 사람을 천재라는 이유로 선을 긋지 말 것.**
> **천재로부터도 실컷 배워라.**

YUMEKI의 코레오그래피론

저도 인간이므로 어떤 곡이든 좋아할 수 있는 건 아닙니다. 가사가 마음에 든다든가 멜로디가 좋다든가 리듬이 귀엽다든가 귀에 남는다든가 일반인들이 곡을 좋아하게 되는 이유가 다양하게 있을 것 같은데, 저의 경우에는 거기서 한 발 더 들어간 부분에 주목합니다. 예를 들어 악기 사용법이나 소리가 울리는 방식, 살짝 감각이 빛나는 사용법이나 다소 불규칙한 템포감 등, 음악을 보다 깊은 부분에서 분석하도록 이미 습관이 들어 버렸거든요. 그래서 **솔직히 그다지 제 취향이 아닌 곡의 안무를 맡는 일도 있기는 한데, 그래도 나름대로 음악을 분석할 수 있고 어떠한 곡이든 안무를 만들 수 있다는 점이 저의 특색**이라고 생각합니다.

그 배경으로는 아까도 이야기한 것처럼 많은 음악을 공부했고, 나아가 그 연장선에 있는 다양한 음악과 댄스, 문화에 대해서도 지식이 있다는 점을 들 수 있습니다.

그래서 어떤 곡을 받아도 저는 괜찮습니다. 물론, 취향에 맞는 곡의 안무 제안이 들어오면 굉장히 좋은 것을 만들 수 있을 것 같다고

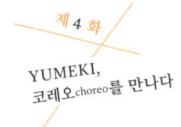

금방 생각하지만, 꼭 그렇지 않아도 문제는 없습니다. 저의 일은 음악이 가진 힘을 더욱 위로 올리는 것. 노래나 보컬로는 힘을 다 올릴 수 없는 부분을 안무로 보완해 나간다는 의식으로 작업하므로 어떤 곡이든 맡겨 주셨으면 하고 바랍니다.

업무가 겹쳐서 복수의 곡에 대해 안무를 동시 진행으로 만들게 되면, 아무래도 아이디어가 중첩되어 버리는 일이 있습니다. 또한 곡 분위기나 장르가 유사한 경우 안무도 비슷한 인상이 되고 말지요. 그런 경우 저 스스로의 해석으로 어떻게 독창성을 드러낼 것인지가 안무가로서의 실력을 보여줄 장면이지요. 안무가는 독창성이 생명입니다. 독창성을 드러낼 수 없다면 안무가라고 할 수 없다고 저는 생각합니다.

그래서 '감성을 갈고닦는 것' 이것이 전부입니다. '감성은 젊을 때 연마하라' 이 말은 귀에 못이 박힐 정도로 들었습니다. 풍요로운 감성을 가진 사람은 안무에도 댄스에도 풍요로움이 그대로 묻어나게 됩니다.

그렇다면, 어떻게 하면 그 감성을 갈고닦을 수 있는가? 그것은 다양한 경험을 통해 일로 실현할 수 있습니다. 댄스뿐만 아니라 그 이외의 예술적인 활동, 가령 오케스트라 음악이나 미술, 영화 같은 것을 접하는 일은 당연히 플러스로 작용합니다. 다양한 것을 접한 뒤 그것들이 어떠한 루트를 더듬어 와서 어떤 결실을 보고 지금 내 앞에 존재하는지에 대해 생각하는 거죠. 저는 일부러 그런 기회를 많이 만들기 위해 노력해 왔습니다.

물론 그것은 예술적인 것에만 한정되지 않습니다. 인간관계를 포함하여 다양한 인생 경험 모든 것이 양식이 된다고 생각합니다. 어떤 것이든 자극으로 받아들이게 되면 자신의 감성을 연마할 수 있는 그릇이 되고 살이 될 것입니다.

인간인 이상, 다들 한 명 한 명의 감성은 다릅니다. 그중에서도 **제가 쌓아 올린 인생은 분명히 남과 다르다, 왕도를 벗어나서 왔다**고 생각합니다. 덧붙이자면 평범한 일은 하지 않겠다는 방침도 있습니다. 그래서 가령 100명 중 95명이 "그럭저럭 괜찮네" 하고 말하는 작품보다, 100명 중 5명만이 "진짜 미치도록 최고!"라며 좋아해 주는 작품 쪽에 매력을 느끼게 됩니다. **딱 한 명이라도 괜찮으니 누군가의 마음을 크게 움직일 수 있는 것을 만들고 싶다. 그리고 그 사람의 인생을 긍정적으로 바꿀 수 있는 것으로 만들고 싶다.** 그것이 제가 생각하는 안무가로서의 뿌리 부분일지도 모릅니다.

하지만 역시 상업적인 눈에서 생각하면 보다 많은 사람에게 받아들여지는 안무가 가장 낫다는 의견도 있겠지요. 그 양립할 수 없는 두 사고방식의 균형을 어떻게 잘 잡아갈 것인지가 중요합니다. 그렇

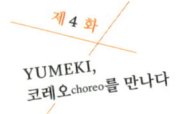

지만 최종적으로는 자기가 집착하는 점이나 스스로 멋지다고 생각하는 것을 관철하고는 있습니다. 저에게 그 곡의 안무를 부탁해 주셨다는 말은 저의 감각을 믿고 맡겨 주신 것이니까요.

그것을 뒷받침하기 위해 '에고서치'라고 하나요? YouTube나 TikTok에서 나오는 곡 중에서 제가 관련된 것에 대한 댓글은 상당히 세세하게 체크하는 성격입니다. 왜냐하면, 좋은 의미로 댄스를 모르는 분의 의견이 도리어 제가 깨닫지 못하는 지점이 되는 경우가 많아서 상당한 공부가 되기 때문입니다. 댄스 분야에 오래 있으면 부감으로 보는 것을 잊기 쉽기 때문입니다.

반듯하게, 제3자의 시선, 대중의 시선도 계속 지니고 있어야 스스로의 안무를 냉정하게 분석할 수 있게 된다고 생각합니다.

YUMEKI의 꿈+실현 키워드 인생 경험 중에 쓸데없는 것은 하나도 없다.

*인터넷에서 자신에 대해 검색하여 세상의 평판을 확인하는 행위.

YUMEKI's HISTORY
청춘 댄스 친구 편

고교 시절, 일본에서는 3인조 그룹으로 활동

Rena와 Amane와는 'ViA'라는 팀명으로 다양한 대회에 함께 출전했습니다. 제가 미국에 오가는 생활을 했기 때문에 나갈 수 있는 대회에는 한계가 있었지만 그래도 우승을 했던 것 같습니다.

(왼쪽부터) Amane 님, YUMEKI, Rena 님

고등학교 졸업 후 7년이 지난 지금도 사이가 좋답니다!

Rena는 ILLIT의 대 히트 데뷔곡 <Magnetic> 등의 안무가로서, Amane는 댄스 관련 카메라맨으로서 활약하고 있습니다. 동지라 할 수 있는 이 둘의 응원은 제 유학 생활을 지탱하는 힘이 되어 주었습니다.

제5장

프로로서의 첫걸음은 중국에서

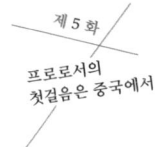

제 5 화
프로로서의
첫걸음은 중국에서

활동의 장을 중국으로

고등학교 3학년이 된 저는 변함없이 일본과 미국을 오가는 생활을 하고 있었습니다. 하지만 예전과 확연히 달라진 것은 '시간제한이 다가오고 있다'라는 점. 앞서 말한 것처럼 '고등학교 졸업할 때까지는 부모님이 금전적인 지원을 하고, 그 후는 스스로 어떻게든 해결한다'라는 부모님과의 약속이 드디어 현실감을 띠기 시작했고, 지금까지 그저 '좋아한다'라는 마음으로 계속해 온 댄스를 '돈'으로 보지 않으면 안 되는 현실에 직면하여 고민하고 있었습니다.

하지만 고민만 하면서 있을 수는 없지요. 고등학교 졸업장은 땄다고 할지라도 저에게는 댄스밖에 없습니다. 댄스 이외의 길은 생각할 수가 없었어요. 그럼 지명도도 없는 나는 어떻게 하면 좋을까? 그때 생각 끝에 도달한 방법은 SNS로 발신하는 일이었습니다. 저는 Instagram에 저의 댄스 동영상을 계속 업로드하기 시작했습니다.

계속하기를 약 1년. 고등학교 생활이 드디어 끝나게 된다……. 장래에 대한 예측이 전혀 되지 않는 그런 3월의 졸업 직전 타이밍. Instagram의 DM으로 한 통의 메시지가 왔습니다. 그것은 중국 상하이에 있는 댄스팀의 스튜디오로부터 온 것이었습니다. '워크숍 강사로 공식 초청하고 싶다'라는 제안이었습니다.

당시 아직 무명이었던 저를 어떻게 발견한 것인지도 몰랐고 게다가 중국은 '댄스가 발전해 있다'라는 이미지도 별로 없었기 때문에 처음에는 '장난이거나 수상한 제안이 아닐까'라고 걱정했을 정도입니다. 하지만 그때 챌린저 YUMEKI가 얼굴을 내밉니다. 일본인 중에 이런 형태로 일을 하는 사람이 주위에 없어서 '새로운 길을 개척할 기회'로 받아들이기로 한 것이지요. 아무도 발을 들인 적 없는 세계에서 가장 앞서 달릴 수 있을지도! 하고. 지나치게 긍정적이지요?! 그렇지만 한편으로는 무지-하게 불안했습니다.

현실적으로 생각해서 고등학교 졸업 후의 직업이 정해져 있지 않은 저에게 가지 않는다는 선택지는 없었고, 결국은 '반드시 받아들여야 한다'라는 마음이 되었습니다. 이 찬스를 반드시 결과물로 만들겠다는 다짐과 함께 다음 달에는 중국으로 건너갔습니다.

YUMEKI의 꿈+실현 키워드 **기회인지 함정인지를 판별할 수 있는 날카로운 후각을 가져라.**

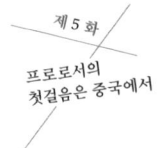

이 기회를 결과물로 만들기 위해

중국에서 있었던 1주일 동안의 워크숍에서 매일 클래스를 진행하는 일이 저의 프로 생활의 시작이었습니다.

일본이나 미국에서 선생님으로서 활동했던 것도 아닌 저에게 제안해 주었다는 건 분명 SNS에 업로드된 저의 댄스 스타일에서 빛나는 것을 느껴 주었기 때문이라고 생각합니다. 그 기대에 부응하기 위해서라도 열심히 준비를 해서 임했습니다. 스튜디오가 감당할 수 있는 인원은 50~60명 정도. 하루 하나의 클래스인 날도 있었고 두 개의 클래스인 날도 있어서 1주일에 총 10개의 클래스인 커리큘럼이 맡겨졌습니다.

메인 오퍼는 안무이므로 미국 스타일로 하면 되고 기초는 필요 없다고 생각하여 제가 창작한 코레오그래피를 가르치는 데 주력했습니다. 1주일 동안 저의 모든 클래스를 수강해 주는 사람도 있을지 모른다고 생각하여, 매일 질리게 하지 않겠다는 마음으로 모든 클래스를 전부 다른 안무로 준비해 갔을 정도로 힘을 쏟았습니다. '첫 번째 클래스는 이런 클래스로 하고 싶으니 이 음악 스타일로 안무는 이렇게 하고……'라는 식으로, 곡을 정하고 안무를 생각하고 나만이 보여 줄 수 있는 독창성을 만들어나가는 작업을 꾸준히 열 개의 클래스 분량으로 진행해 나갔습니다. 솔직히 하나를 준비하는 것만으로도 정말 힘듭니다만 프로로서 첫 발걸음을 내딛는 저에 대한 도전이기도 했습니다.

처음 클래스가 시작됐을 때 정말 미칠 듯이 긴장했어요! 선생으로서 앞에 선 경험은 처음이었고 '인생에서 승부를 걸 때'였고 게다가 어리다고 얕잡아 보이고 싶지 않다는 마음도 있었고요. 그래도 그런 저의 불안은 한순간에 감쪽같이 사라졌습니다. 외국 문화를 접할 기회가 적은 환경에서 생활하고 있는 학생들로서 미국 방식인 저의 레슨은 정말 신선하게 보였던 것 같습니다. 그들의 빛나는 눈빛이 그것을 말해 주고 있었습니다. 잘 해냈다는 만족감으로 가득 찼던 감정을 잘 기억하고 있습니다.

워크숍이 끝났을 때 어째서 저에게 제안해 주었는지를 스튜디오 분에게 물었습니다. 그러자 "젊으면서 빛나는 일본인 댄서에게 기회를 주고 싶었다"라고 말해 주셨습니다. 강사 경험이 없고 게다가 외국인이라 어떤 사람인지도 잘 알 수 없는 존재였던 저에게 그래도 도전해 주면 좋겠다는 마음을 가져 주었다니……! 이 인연을 진심으로 감사하게 여겼던 순간입니다.

제 5 화
프로로서의
첫걸음은 중국에서

저도 워크숍 후 SNS에 상황을 업로드했고, 중국의 SNS(Weibo)에서도 사진과 동영상을 올려 주는 사람이 있어서 저의 이름이 알려지게 되었지요. 이 1주일 동안의 워크숍을 계기로 단숨에 중국 전역에서 제안이 오게 되었어요. 저도 기쁜 마음에 어떤 제안에도 '하겠습니다!'라고 씩씩하게 답했습니다.

이러저러하여 저의 댄스 생활은 그 당시 거의 중국이 거점이 되었고 한 달의 반 이상을 중국에서 지내는 생활이 되었습니다. 그리고 급기야 중국에서도 가장 유명한 KINJAZ 님의 댄스 스튜디오(현재는 폐쇄)에서도 워크숍 강사 제안을 받게 되었지요. 중국에서의 활동 폭이 넓어져 갔습니다.

YUMEKI의 꿈 ✦ 실현 키워드 미지의 장소에서도 승부할 수 있는 스스로를 만들 것.

중국의 댄스 상황에 경악

이렇게 하여 고등학교를 졸업한 해의 4~12월 무렵까지는 일본과 중국을 오가는 생활을 하였습니다. 다양한 워크숍 제안을 받고, 중국의 대도시는 대부분 갔던 것 같습니다.

중국의 댄스 문화는 일본이나 미국과는 또 다른 인상이었습니다. 나라의 특색인지, 외국 문화에 대해 개방되지 않아 역으로 밖에서 보아도 어떤 댄스 문화가 있는지 잘 알 수 없었습니다.

그것은 댄스 업계에만 한정된 이야기가 아닙니다. 지금은 중국의 일부 사람들은 개방되어 있고 최첨단을 달리고 있는 인상이 있지만, 당시에는 그 정도가 아니었고 패션, 음식, 음악…… 여러 방면에서 해외에 사는 사람의 눈으로는 미지의 세계였던 것 같습니다.

그런 속에서 댄스 문화도 중국에만 있는 스타일, 중국만의 커뮤니티에서 문화가 번성하고 발전해 갔던 것 같습니다.

저의 워크숍을 들으러 와 준 학생 중에는 프로인 분이나 어쩌면 저보다 스킬이 뛰어나지 않을까 싶은 분도 있었습니다. 그러한 중국의 댄서들은 새로운 것을 배우고 싶다는 의욕이 넘치고 있는 것처럼 느

제 5 화
프로로서의
첫걸음은 중국에서

껴졌습니다. 그런 자세는 국적이나 연령, 성별과 상관없이 정말로 아주 좋다고 생각하고 있어요.

하지만 한편으로 일본이나 미국과의 열정 차이를 느끼는 일도 적지 않게 있었습니다. 제가 댄스를 해 온 환경에서는 다들 댄스를 계속해 나가기 위해 돈을 모으기도 하고, 시간을 짜내어 가면서 열심히들 했지요. 그에 비하면 댄스 워크숍에 오는 중국 분들은 기본적으로 굉장히 유복했습니다. 그게 꼭 이유는 아닐지도 모르겠지만 제 눈에는 약간 헝그리 정신이 결여되어 있었어요. 제가 중시해 온 '댄스를 하는 시간, 환경 자체가 얻기 힘들고 귀중한 것이다'라는 가치관과는 양립하기 힘든 것으로 비친 것도 사실입니다.

그런 그들은 댄스 레슨 중에 쭈그려 앉는 것은 당연했고, 그중에는 스마트폰으로 마음대로 전화를 하기 시작하는 사람도 있어서, 저로서는 완전히 미지의 세계에서 헤매게 된 느낌. 일본, 미국에서는 물론이고 그 후의 한국 생활에서도 그런 광경은 정말이지 한 번도 경험하지 못했습니다. 지금 생각하면 좋은 경험이었던 것 같기도 하고 그렇지 않은 듯하기도 한…….

그런 학생들을 앞에 두고 강사로서 서 있는 저는 엄청난 위화감을 느꼈습니다. 하지만 댄서로 살아갈 전망도 보이지 않는 저는 불만을 말할 수 있는 처지 따위가 아니지요. 거기 서 있을 수 있게 해 준 것 자체가 꿈 같은 일이었기 때문에 그런 문화를 받아들이기로 각오를 다졌습니다. 사실 미국에서 가지각색의 배경을 가진 사람들, 여러 가지 사고방식을 가진 사람들에게 둘러싸여 생활해 왔기 때문에 다양성이 있는 환경에는 익숙해져 있어서 받아들일 수 있었던 것인지도 모릅니다.

하지만 솔직히 향수병에 걸리기도 했습니다. 저의 홈그라운드인 댄스의 장에서 상대를 이해할 수 없는 고통. 게다가 어쨌든 언어가 통하지 않고 문화 차이도 엄청났지요. 제가 영어로 이야기해도 전혀 통하지 않고, 역으로 중국어로의 커뮤니케이션을 요구받아도 대응할 수가 없었죠. 의사소통이 정말 어려웠습니다. 댄스 자체는 몸으로 표현할 수 있으므로 어느 정도 전달이 되었다고 생각하지만, 그 이외의 것들이 굉장히 괴로워서……. 미국에는 더 장기간 체재했는데도 한 번도 향수병에 걸린 적이 없었는데 말이지요. 나도 일본이 그리워지는 일이 있구나, 하고 마음속 깊이 깨달은 기억이 납니다.

언어 이외에도 벽은 가로놓여 있었지요. 상하이 등의 중국 대도시는 도쿄와 비교해도 상당히 발전되어 있었고, 예를 들어 캐시리스 시스템이 당연하여 젊었던 저는 한결같이 어쩔 줄을 몰랐습니다. 그중에서도 생각했던 것보다 힘들었던 것이 중국 특유의 통신 규제였습니다. 댄스 친구들에게 이런 일이 있었다고 투정 한마디라도 하고

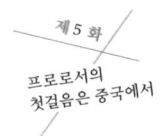

싶어지지 않겠어요? 그런데 일단 액세스할 수 없는 웹사이트나 서비스가 많습니다. VPN이라는 서비스를 사용해서 중국 국외의 서버로 접속하지 않으면 액세스가 불가능한 거예요! 무지 불편했다고요! 이런저런 사정으로 평소에 보던 SNS도 마음 편히 볼 수 없어서 기분도 내내 답답한 채로 지냈습니다.

일을 통해 중국 각지를 다녔던 것은 기뻤지만 기분은 약간 무거웠던 시기였을지도 모릅니다.

하지만 그것을 극복했더니 또 기회가 찾아온 것도 사실. 인생, 무슨 일이 일어날지 모르는 일이더라고요.

> **YUMEKI의 꿈+실현 키워드** 다양성을 받아들이지 않으면 세계를 목표로 할 수 없다.

NCT 텐 군과의 만남

제가 일본과 중국으로 오가던 무렵, 한국에서도 워크숍 강사로서의 제안이 있어서 저는 언제나 그랬듯 온 힘을 다해 응하겠다는 마음가짐으로 받아들였습니다.

그때 마침 한국의 대형 기획사인 SM엔터테인먼트로부터 레슨을 해 주면 좋겠다는 제안이 있었고, NCT DREAM의 멤버와, NCT의 멤버로 활약하고 있었던 텐 군을 가르치게 되었습니다. 이른바 프라이빗 레슨이었지요.

텐 군은 저의 레슨과 안무를 마음에 들어 해 주었고 "너의 안무를 더 배우고 싶다"라고 말해 주었습니다. 그래서 한국을 떠나기 전에 한 번 더 레슨을 했는데, 그때 "Nicki Minaj 님이라는 아티스트의 〈Coco Chanel〉이라는 곡에 동작을 붙여서 같이 춤추며 동영상을 찍고 싶다"라고 갑자기 말하지 않겠습니까! 저로서는 깜짝 놀랄 일이었지요. "이제부터 준비해서 촬영하고 그걸 그 SM엔터테인먼트의 계정에 올린다고?!"라는 느낌. 하지만 텐 군도 스태프도 프로니까 가능하더라고요. 사전 연습 없이 바로 찍는 식이라 촬영하는 날 안무

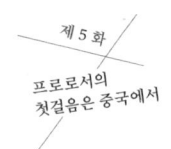

를 고안해서 촬영도 한 번에 한다는 강행 스케줄로 동영상을 찍었습니다. 정말 텐 군, 끝내준다- 싶었어요.

텐 군은 태국 출신이므로 커뮤니케이션은 영어로 했습니다. 서로 태어나 자란 나라를 떠나 활동하고 있다는 공통점이 있어서 무지하게 친근감이 느껴졌고 저에게 다정하게 대해 주었습니다. 일단 인품이 훌륭했어요. 그리고 그는 댄스 경험이 길고 발레와 재즈 댄스 같은 것도 배워서 제가 좋아하는 댄스 취향과도 딱 맞았지요. 그때는 안무 제공만 한 게 아니라 저 자신도 텐 군 옆에서 춤추는 모습이 동영상에 찍혀 있었기 때문에 실제로 YouTube에 업로드된 동영상을 본 사람들이 "이 텐 옆의 댄서는 누구?" 하고 약간 술렁거렸다고도 했어요.

저로서는 꿈 같은 일이었고 긴장할 여유 같은 것도 없었습니다. 오히려 꿈이 이루어졌다는 뿌듯함이 훨씬 강하게 느껴져서 그 시간의 프로세스 하나하나를 곱씹어 음미하며 즐기고 있었습니다.

YUMEKI의 꿈＋실현 키워드 **순식간에 이해하고 완벽하게 해낸다. 그게 프로.**

중국에서 배운 '가르친다'라는 일

그렇게 한국으로부터 감사한 일을 맡아서 하면서도, 기본적으로는 중국에서 워크숍 강사로서 일을 계속하고 있었습니다.

저에게 있어 중국이라는 장소는 '가르친다'라는 위치의 출발 지점이 된 것이지요. 그곳에서 가르침을 받는 처지에서 가르치는 위치로 바뀌고, 생각했던 대로 되지 않는 일도 많이 있었습니다.

예를 들면 나름대로 꼼꼼히 준비해서 갔음에도 불구하고 긴장하거나 학생의 생각지 못한 행동에 평상심을 잃거나 하여 준비했던 안무가 날아가 버리는 일도 있었습니다. 그리고 중국이라는 언어도 잘 통하지 않는 환경 속에서 댄스라는 표현 하나로 학생들을 리드해 가는 것은 가르치는 일의 초보인 저로서는 약간 허들이 높았던 것 같다고도 느낍니다. 상황을 어떻게든 타개하고 싶다는 생각을 정말 많이 했는데, 아무리 생각해도 답이 나오지 않는 일도 많았거든요.

그런 속에서도 제가 꼭 마음에 새기고 지냈던 것은, 일단 뭐가 됐든 제안이 들어온 일은 받고, 받고, 계속 받는다는 말이었어요. 현장이 저를 강하게 만들고 성장시켜 준다고 믿고 있었습니다.

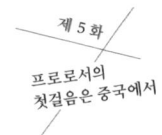

제 5 화
프로로서의 첫걸음은 중국에서

제가 일본과 중국을 오갔던 시기는 고등학교를 졸업한 후부터 그 해 12월 무렵까지의 약 9개월 동안이라 짧은 기간이기는 했습니다만, 저에게는 엉망진창인 생활을 하면서도 엄청나게 성장할 수 있었던 강렬한 기간이었습니다. 그리고 그 후 한국에서의 일에도 도움이 되었다고 느끼고 있습니다.

> **YUMEKI의 꿈★실현 키워드** 선생의 실수를 비웃었던 거기 너. 일단 스스로 해 봐.

YUMEKI's HISTORY
나카소네 리노 편

> SHINee의 콘서트에서 본 후 재회!

샤이니의 일본 콘서트에서 함께했던 리노 님,
댄서 Shuto 님 셋이서 재회 in L.A.!
L.A.에 살고 있는 리노 님이 현지 안내를 많이 해 주었습니다.

<LEAP HIGH! ~내일로, 힘차게~>의 동작 확인 중

(오른쪽 위) 리노 님과 내가 프로그램의 테마곡 <LEAP HIGH!>를 촬영하게 되어 동작을 확인 중. 이다음에 연습생의 센터 선수권이 있었고 우리가 진행을 맡았습니다.

<PRODUCE 101> 심사 때의 오프 숏

(왼쪽 위) 중간 발표 때, (왼쪽 아래) 파이널에서 데뷔 멤버가 결정된 후. 연습생을 만날 기회는 없었지만, 리노 님과 '해냈다!' '수고했어요!'라고 하는 한 장!

제6장

한국의 명문 '1MILLION DANCE STUDIO'에 소속

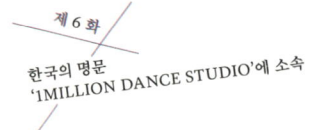

제 6 화
한국의 명문
'1MILLION DANCE STUDIO'에 소속

한국 여행 중에 유명인과 갑자기 컬래버 동영상을

　친구와 개인적으로 한국 여행을 갔던 때의 이야기입니다. 같이 간 친구가 댄서이기도 해서 "YouTube에서 유행하고 있는 한국에서 가장 유명한 댄스 스튜디오에 체험하러 가자"라고 가벼운 마음으로 제안을 하더라고요. 그 장소가 바로 제가 한국에서 일을 하는 계기가 된 '1MILLLION DANCE STUDIO'(이하, 1MILLION)였습니다.

　스튜디오의 존재 자체는 알고 있었지만, 저 혼자였다면 아마 찾아가지 않았을 겁니다. 솔직히 당시에는 K-POP에 대해서도 잘 알지 못했고 거의 머릿속에 없는 정도였지요.

　원래부터 1MILLION은 한국에서뿐만 아니라 세계적으로도 굉장히 인기가 있는 댄스 스튜디오라서 실제 레슨에서도 학생의 반은 외국 댄서. 스튜디오에 들어간 순간 '뭔가 뜨겁다!'라는 건 곧바로 알았습니다.

　그곳에서 우연히 들은 클래스 강사가 메이제이 리(이지현) 님이라는 엄청나게 유명한 여성 댄서였어요. 솔직히 어느 선생님이라도 상관없으니 일단 수업을 들어 보자는 분위기였는데 이것도 운명적인 일이었을까요?

레슨이 끝난 뒤 메이제이 리 님이 "일본인이죠? 나는 일본어를 공부하고 있어서 이야기할 수 있어요"라고 말을 걸어 주었습니다. 그리고 세상에 **"당신과 같이 댄스 비디오를 찍고 싶다. 내 안무를 당신이 춤춰 주면 좋겠다"**라고 하지 않겠습니까! 깜짝 놀라 뒤집어질 일이었지요. 그냥 여행자로서 갔던 것뿐이었으니까요. "모레 일본으로 돌아가야만 합니다" 하고 거절하려 했더니 곧바로 스케줄을 조정해 주면서 "내일 찍읍시다"라고 하니 더욱 깜짝 놀랐죠. 이런 일이 있어?! 싶은 느낌이었어요. 지금도 그때의 동영상은 1MILLION의 YouTube에 올라와 있습니다.

게다가 그 동영상 카메라맨이 1MILLION의 사장님이었어요. 진짜로 화들짝 놀라죠. 그걸 계기로 연락처를 주고받았습니다.

그리고 어느 날 '1MILLION의 강사로 초대하고 싶다'라는 정식 제안이 온 겁니다. 청천벽력이란 바로 이런 일이죠. 제가 19세가 된 직후의 일이었습니다.

| YUMEKI의 꿈✦실현 키워드 | 전 세계를 날아다녀라. 기회는 거기 숨어 있다. |

'1MILLION DANCE STUDIO'라는 브랜드

그 당시에 저는 머릿속으로, 중국 생활을 끝내면 미국으로 건너가 1~2년은 귀국하지 않고 경험을 쌓고 싶다고 생각하고 있었습니다. 그런 때에 느닷없이 한국 1MILLION으로부터 제안이 왔고 솔직히 처음 예정했던 대로 미국에서 경험을 쌓을지, 어떤 나라인지도 모르는 한국에서 처음부터 새로운 경험을 만들어 갈지 굉장히 고민했습니다.

당시 미국으로 가서 공부하는 아시아인 댄서는 꽤 있었는데 지금처럼 한국 붐도 아니었기 때문에 한국에서 활약하고 있는 외국인 댄서는 거의 없었습니다. 여러분, 이제 아셨을 것 같은데, 그게 결정타가 되었습니다. 저에게는 앞서간 사람이 없는 장소에서 도전하는 일이야말로 매력적입니다. 엄청난 매력이었지요.

그것도 1MILLION의 사장님에게서 '일본인 강사, 아니 외국인 인스트럭터를 초청하는 일 자체가 1MILLION으로서도 첫 시도. 우리로서도 도전입니다. 당신도 함께 도전해 보지 않겠습니까'라는 메시지가 왔어요. 그런 말을 들으면 거절할 이유 따위 전혀 없잖아요?

게다가 1MILLION은 댄서라면 누구나 아는 아주 큰 브랜드. 지금은 누구나 쉽게 동영상을 YouTube에 올리는 시대지만 당시에는 동영상을 업로드하는 댄스 스튜디오는 1MILLION 정도. 게다가 한국에서는 댄서가 아닌 일반인도 알 정도로 유명한 콘텐츠였습니다. 한국으로 가서 몇 년이 지났을 때 한국 댄서에게 들은 말은 "댄서가 되기 전부터 1MILLION 채널을 봤다"거나 "학교에서 다 같이 시청했다"라는 이야기. 일반인들에게는 인기 YouTube 채널로서 인식되고 있었을지도 모르겠어요. 텔레비전처럼 손쉽고도 친근하고 하지만 동경심은 높은 존재. 어쨌든 댄스를 전문으로 하는 채널로서는 구독자수, 조회수 모두 아시아 No.1이었으니까요.

그 동영상에서 펼쳐지는 세계관은 정말 매력적이었죠. 선곡, 패션까지 트렌드의 최첨단을 달리고 있었어요. 그래서 전 세계로부터 주목받고 있었다고 생각합니다.

실제로 저도 딱 한 번이었지만 레슨을 받았을 때 느낀 것은 '선생님이 마치 아티스트 같다!'라는 점. 압도적인 오라(aura)가 있었습니다. 미국 댄스계에는 스트리트 문화가 배경에 짙게 존재하지만, 한국에서는 또 다른 스타일의 댄스 문화가 발전되어 있었습니다. 그것은 아티스트와 댄서 사이에 그다지 격차가 없다는 점이었어요. 일본에서도 느낀 적 없는 일인데, 예를 들어 일본에서 댄서는 '가수 뒤에서

제 6 화
한국의 명문 '1MILLION DANCE STUDIO'에 소속

춤추는 사람' '아티스트를 빛나게 하는 스태프'로서의 일이 많은데 한국에서는 완전히 달랐지요. 댄서 자체가 아티스트라는 인상이 매우 강했습니다. 특히 1MILLION의 강사는 인플루언서로서도 인기가 많아서 강사 본인에게 팬이 있을 정도였지요. 패션도 포함해서 굉장히 멋있었습니다. 그런 한국의 댄스 문화에도 매료된 것은 틀림없는 일이었지요.

당시의 저는 K-POP 아티스트나 한국 문화를 미치도록 좋아한 것은 아니었지만 동방신기, EXO, BTS, TWICE 등 세계적으로도 인기가 있고 열정이 있는 아티스트가 많다는 것은 당연히 알고 있었습니다. 그렇다면 한국에 갈 수밖에 없죠.

이렇게 해서 저는 한국에 가기로 결심했습니다.

> **YUMEKI의 꿈+실현 키워드**
>
> **스스로 빛나고 싶다면,**
>
> **빛나는 사람이 있는 곳에 뛰어들어라.**

한국의 증명하는 문화에 압도되어

    1MILLION의 강사로서 처음 맡은 일은 일반인 학생 대상 레슨과 한국 아티스트의 햇병아리인 연습생 대상 트레이닝이었습니다. 1MILLION은 아티스트의 안무 일 의뢰도 많이 받고 있지만, 그것은 선택된 댄서만이 맡을 수 있는 일. 갓 들어온 저에게는 처음부터 의뢰가 오지 않았습니다. 레슨과 트레이닝에 주력하는 생활이 한동안 계속되었습니다.

    그래도 10대인데 저의 클래스를 가질 수 있었습니다. 그것도 외국인으로서 달성했던 것이었지요. 게다가 제가 나오는 1MILLION의 YouTube 콘텐츠를 봐준 세계 각국의 동 세대 그리고 저보다 어린 세대의 사람들로부터 'YUMEKI 님의 동영상을 보고 댄스를 시작했어요'라든가 '나도 한 번 더 꿈을 쫓아가겠습니다'라는 코멘트가 올라와서 정말로 힘이 되었고 성취감이 있었습니다.

    그렇다고는 해도 행복한 일만 있었던 것은 아닙니다. 중국에서 느꼈던 정도는 아니라고 해도 한국에서도 괴로운 감정을 품게 된 일도 꽤 있었어요. 한국 특유의, 생각을 확실히 전달하는 문화가 처음에

제6화
한국의 명문 'lMILLION DANCE STUDIO'에 소속

는 받아들이기 힘들었습니다. 일본에는 미루어 헤아리는 태도를 중시하자는 교육이 있어서, 상대를 상처 주지 않는 방식으로 말하거든요. 하지만 한국에서는 모두 직설적으로 이야기를 합니다. 싫은 것은 싫다. 안 되는 건 안 된다. 특히 크리에이티브한 것에 대한 집착은 정말 강렬하여, 멋진 것이 아니라고 생각한 것에 대해서는 매우 직접적으로 "멋지지 않다" "이건 하고 싶지 않다"라고 말합니다. 완전 부정. 자를 땐 거의 칼 그 자체입니다.

한국에 간 초기에는 그게 무섭고 또 무서웠어요. 이 사람들 어떻게 이렇게나 공격적일까, 하고. 때로는 '내가 싫은 건가요?'라고 생각한 적도 있었습니다. 모든 것을 온몸으로 받아 내고 상처를 입는 날들. 매일 수비력이 제로가 되어 있었습니다.

특히 한국인 중에 외국인이 저 한 명뿐인 상황이 되었을 때, 한국 사람이 100을 말하는데 저는 반도 전달할 수 없었어요. 물론 언어의 벽은 있지만 그 이전에 한국의 '감정에 솔직한 특성'과 일본의 '소심한 특성'의 차이라고 생각했습니다.

하지만 저의 일은 **상대가 원하는 것에 최대한 다가간 형태의 크리에이티브를 만드는 것**. 그래서 진심으로는 상대가 이야기하는 것이 전혀 매력적으로 느껴지지 않아도 그것에 맞추는 것도 일이고, 배려입니다. 그리고 그렇게 하지 않으면 해결이 안 됩니다. 왜냐하면 상대가 절대 물러서지 않으니까요.

나는 납득이 안 되는 상황에서 감정적으로 화를 내는 사람도 있었는데, 저로서는 여기서 살아가기로 마음먹기도 했고, 그게 일상이 되어 가면서 점점 그 공격적인 말투에도 면역이 생긴 건지, 나도 강해져서 원활히 듣고 흘리는 기술을 습득하고 있었습니다. 신경을 덜 쓰게 되었다고 할까요. 못 하겠다! 하고 셔터를 닫아 버리면 거기서 일을 해 나가는 것은 절대 불가능하지요. 포기하지 않겠다는 것만은 다짐하고 지냈으니까요. 결과로 보여줄 수밖에 없는 세계이기도 하고요.

그런 **제가 도망쳐서 들어간 세계는 '연습'**이었습니다. 힘들 때일수록 연습. 스튜디오가 문을 닫은 뒤에는 강사만이 사용할 수 있는 시간이 되므로 저는 아무도 없는 스튜디오에서 깊은 밤부터 새벽 5시 정도까지 혼자서 오로지 연습만 했습니다. 솔직히 말하면, 너무 고요해서 약간 무섭긴 했지만요. 그래도 연습하는 동안에는 집중하게 되니까 누가 나에게 이런 말을 했다든가, 납득이 안 된다든가, 그런 인간관계에서 상처받은 일 따위는 잊을 수 있었습니다. 그래서 연습이 친구처럼 느껴졌습니다.

레슨이 시작되는 건 빨라야 15시 반이고 끝나는 시간은 22~23시 정도. 그 후에 심야 시간부터 새벽까지 혼자 연습하고 아침 6시부터

점심 전까지 잠을 자는 매일매일이었습니다.

놀러 가거나 하는 개인적인 시간은 전혀 없었지요. 작년쯤에 스스로의 인생을 돌아보았을 때 정말로 놀지 않았다는 것을 깨달았습니다. 스마트폰 사진 폴더를 보아도 댄스 이외의 사진이 전혀 없었어요!

> **YUMEKI의 꿈+실현 키워드** 문화 차이는 스스로 잘 씹어서 꿀꺽 삼켜라.

처음 갖게 된 안무가라는 직업

저의 안무가로서의 데뷔는 이전 레슨을 맡아 진행했던 텐 군이 활동하는 SuperM의 퍼포먼스 비디오였습니다. EXO나 에스파, 라이즈 등 인기 그룹이 있는 초 대형 기획사 SM엔터테인먼트에 속해 있고, 또 경애하는 텐 군과 관련된 일입니다. 동영상만 올라와 있는 곡이긴 하지만 저에게 있어서는 귀중한 안무 데뷔 작품이 되었습니다.

아티스트의 안무를 맡는 것이 꿈이었기 때문에 말로 다 표현할 수 없을 정도로 감동했습니다. 그와 동시에 나카소네 리노 님 아래에서 안무가에 관해 공부를 할 수 있었던 현장의 일 등을 떠올렸지요. 어렸을 때의 그런 경험이 있었기 때문에 당황하지 않고 자신을 갖고 일을 할 수 있었던 것 같습니다.

아티스트에게 내 크리에이티브를 평가받고, 그리고 납득을 얻어내고, 맡기는 일은 댄서라면 누구든 꿈꾸는 일이 아니겠습니까? 물론 거기에 금전 수수는 발생하지만, 기본적으로 크리에이티브는 돈으로 바꿀 수 없을 정도로 가치가 있는 것. 그리고 후세에까지 작품으로 남게 됩니다. 아티스트로서도 저로서도 단 한 곡일지 모르지만,

그 사람의 인생의 일부가 되는 것이지요. 당연히 몸과 마음 모두를 쏟아붓게 되는, 충분히 꿈꿀 만한 일이라고 생각합니다.

저는 그 당시 한국어를 그다지 잘하지 못했기 때문에 곡 해석은 역시 높은 벽이었습니다. 직접 찾아보기도 하고 남에게 물어보기도 하면서 해석을 거듭해 나갔는데 실은 제가 가장 중시했던 일은 그 **곡의 컬러나 콘셉트, 어떤 음악인지**라는 점. 처음 들었을 때의 직감을 믿고 움직였습니다. 안무가에 따라 무엇을 중시하는지는 다를 것으로 생각합니다만 저의 경우에는 그랬습니다.

덕분에 그 후에도 저를 지정한 안무 일이 들어오게 되었고, 일본에서도 '어깨춤'으로 인터넷에서 대박 난 ITZY의 〈WANNABE〉도 **제가 안무 일부분을 맡았습니다**. 그 이야기는 다시 제8장에서 할 것인데, 몇 작품을 작업해도 이 첫 일에 대해서는 잊을 수 없습니다. 그게 '안무가 YUMEKI'의 원점이기 때문입니다.

> **YUMEKI의 꿈✦실현 키워드** 돈이 눈에 어른거리는 시점에서 2류 크리에이터가 된다.

아직 한참 더 배우고 싶은 마음

중국, 한국에서 강사 일을 해 오고 또 안무가 일도 하게 되면서 스스로에 대해 약간 자신감을 가질 수 있게 되었습니다. 그렇기는 해도 당시에는 아직 19세 혹은 20세. 한참 많이 어리고 **흡수하고 싶은 마음도 강했습니다.** 게다가 **강사로서 가르치기만 하는 루틴을 그저 계속하는 것이 적성에 맞지 않았어요. 저는 새로운 자극을 추구하는 성향이거든요.**

그래서 1MILLION에서는 강사라는 입장이긴 했지만, 저의 레슨이 끝난 뒤 같은 1MILLION의 다른 선생님의 레슨에 학생으로 참여하는 일도 적지 않았습니다. 저의 레슨을 수강하고 있는 학생의 눈으로 보면 "뭐지? 선생님이 왜 여기 있어?"라는 느낌. 하지만 제 안에서는 가르칠 때는 선생으로서 확실히 가르치고, 나의 레슨이 끝난 순간부터 학생의 마음으로 배우겠다는 식으로 구분을 짓고 지내려 했습니다.

1MILLION만이 아니라 다른 댄스 스쿨에도 배우러 갔습니다.

한국의 레슨은 스킬뿐만 아니라 강사 본인의 사고방식이나 독창성

제 6 화
한국의 명문
'1MILLION DANCE STUDIO'에 소속

도 전수하는 스타일. 공유한다는 느낌입니다. 이른바 학교 수업을 받는 듯한 감각은 전혀 없고 그 사람만의 것을 배우러 간다, 그 사람이 중시하는 것을 들으러 가는 느낌입니다. 저도 **스킬을 넘어선 무언가를 흡수하고 싶었어요.**

배우러 갔을 때 저의 신원은 최대한 밝히지 않으려고 합니다. 직업을 보고 이 사람은 엄청나다든가 이 스튜디오 사람이니까 분명 이런 생각을 하고 있을 거라든가 그런 딱지가 붙는 것은 너무 싫었거든요. **더 자유로워지고 싶었어요. 사실 저는 저니까요.** 그래서 정말로 한 명의 학생으로서 참가했습니다. 입장을 거꾸로 생각해 보아도 그편이 나을 것 같고 말이지요.

이렇게 하여 강사로서 가르치면서 동시에 댄서로서의 견문도 넓히고 실력을 더 길러 나갔습니다. 그러던 중 생각한 것은 역시 **한국에 왔으니까 좀 더 많은 한국 아티스트들과 일을 하고 싶다**는 것이었습니다.

한국의 크리에이티브에 대한 열의는 정말로 어마어마하고 그만큼 퀄리티도 높습니다. 그에 비례하여 요구되는 수준도 굉장히 높은 레벨입니다. K-POP을 비롯하여 한국 엔터테인먼트가 세계에서 주목받고 인기를 얻고 있는 것을 보아도 그것을 느낄 수 있을 거로 생각합니다. 예를 들어 BTS이나 BLACKPINK. 전 세계 히트 차트 상위

권에 항상 들어가 있고 다양한 어워드를 수상하고 있습니다. 그 영향은 댄스계에도 미치고 있는데 가령 'SEVENTEEN의 아버지'라는 별명을 가진 안무가 최영준 선생님이나 보아나 EXO 등이 소속되어 있는 SM엔터테인먼트에서 절대적으로 신뢰를 얻고 있는 안무가인 미호크 선생님(본명은 백구영) 등 안무가에게도 확실히 스포트라이트가 비치고 있었습니다. 다음 장에서 이야기하겠지만 그 두 분과는 나중에 댄스 서바이벌 프로그램에 같은 팀 크루로서 출연하게 됩니다. 당시 저에게는 대 스타이자 동경하는 존재였습니다.

이렇게 K-POP이라는 엔터테인먼트가 전 세계에서 주목받고 있을 때 저는 한국에서 일을 하고 있었던 거지요. 이것은 어떻게 생각해도 운명이 저를 도와주고 있었다고 생각할 수밖에 없었습니다. 어떻게 해서든 아티스트와 일을 하고 싶다. 어떤 형태라도 괜찮다. 그리고 언젠가는 안무에 참여하고 싶고 YUMEKI로서 텔레비전에도 나가고 싶다. 그것은 아티스트와 댄서가 둘 다 스타로 인정받는 한국이기 때문에 실현할 수 있는 일이 아닌가. 점점 더 꿈은 부풀어 올랐습니다.

> **YUMEKI의 꿈✦실현 키워드** 배우려는 마음을 추구하면 스킬을 넘어선 것에 다다르게 된다.

제 6 화
한국의 명문
'1MILLION DANCE STUDIO'에 소속

코로나19로 수입의 90% 감소

제가 1MILLION의 강사가 되고 얼마 안 되었을 때는 감사하게도 외국인 선생님이라는 것만으로도 참신하게 봐주셨습니다. **클래스는 언제나 만원. 전 세계로부터 모인 국적, 성별, 연령이 다양하고 의욕이 넘치고 개성도 풍부한 학생들로 북적이고 있었지요.**

그런데 어느 때를 경계로 완전히 변했습니다. 맞습니다, 신형 코로나바이러스 감염 확대입니다.

코로나 감염이 확대되는 것에 비례하여 귀국하는 외국인 학생 수도 점점 늘어나기 시작했습니다. 그리고 문득 보니 언제나 꽉 찼던 클래스가 피크 때의 10~20%밖에 차지 않았지요. 정말로 한산하고 쓸쓸한 레슨이 되고 말았던 겁니다. 거의 매번 한 자릿수인 학생들 앞에서 레슨을 하는 날들이 이어졌습니다.

저의 경우 영어로 레슨을 하고 있기도 하고 특히 외국인 학생들이 많아서 코로나 영향을 직접적으로 받는 처지가 되었습니다. 원래부터 한국인 학생들이 많은 선생님은 그 정도까지 큰 영향은 없었던 것 같습니다.

아침에 눈을 뜨고 생각하는 것은,

'오늘은 몇 명이 와 주려나?'

라는 것. 현실적인 면에서 학생 수에 따라 개런티가 변하게 됩니다. 그래서 저의 경우 수입도 80~90% 감소. 힘들었습니다…….

생각해 보십시오. 코로나 이전과 같은 열량을 쏟아 준비해서 레슨을 해도 눈 앞의 학생은 불과 몇 명. 받을 수 있는 돈도 몇 분의 일로 줄어든 전혀 다른 세계. **그래도 하겠다고 결심했으니 꺾이지 않고 했습니다**만 솔직히 언제까지 계속되는 거야! 싶고 거의 멘탈이 한계까지 갔다는 건 부정할 수 없습니다. '내 댄서 인생 이대로 꽃피우지도 못하고 한국에서 끝나는 거 아니야?' 싶은 불안을 내내 품고 있었습니다.

게다가 이국땅이라 주위에 의지할 수 있는 일본인도 없었지요. '나, 한국에 온 타이밍이 잘못된 걸까?' 하고 인생의 선택에 자신이 없어지고 있었어요. '한국에 오지 않았으면 좋았을 텐데'라고 생각한 적도 셀 수 없을 정도로 많이 있었습니다.

물론 일본으로 돌아가는 선택지도 없지는 않았습니다. 하지만 '돌아가는 시간이 아까워, **이런 때라도 무언가 가능한 일은 있을 거야**'라고 생각하게 됐어요. 저, 이상한가요? 제 속에서는 도전하고 거기서 결과를 남겨야만 비로소 다음 도전으로 향할 수 있다는 이론이

제6화
한국의 명문 '1MILLION DANCE STUDIO'에 소속

있어서. 거기서 도중에 그만두면 다음이란 없는 거지요. 그런 생각을 하고 있으니 견딜 수밖에 없었어요.

그리고 코로나로 괴로운 사람은 저 혼자가 아니었기도 했고요. 주위의 댄서 동료들도 "이제부터 어쩌지?" 하고 이야기하면 다들 "지금 가능한 일을 할 수밖에" 하고 말했어요. 그런 의견을 들으면 들을수록 저도 매일 꾸준히, 대충대충 지내지 말고 온 힘을 다해 노력할 수밖에 없다는 결의가 굳어지게 되었지요.

그런 마음은 댄스뿐만 아니라 언어에도 생겼지요. 저는 한국에 있으면서도 편한 영어로 생활하고 있었는데 코로나로 주위에 한국인들만 있게 되었고 한국어로 커뮤니케이션이 요구되는 일이 단번에 늘면서 한국어를 마주하기로 하고 공부했습니다.

그런 생활을 했더니 결과적으로 어느샌가 일도 늘어나기 시작했습니다. 제약이 많은 환경 속에서도 자기 나름대로 최선을 다해 노력하고 있으면 봐주는 사람이 반드시 생깁니다. 그때의 고생이 있었기 때문에 지금이 있다고 생각합니다.

YUMEKI의 꿈+실현 키워드 **역경 속에서도 꾸준히. 봐주는 사람은 반드시 있다.**

EXO 백현 님의 백댄서로

때는 코로나19 팬데믹 시기. 일이 줄어들고 심리적으로도 몹시 괴로운 경험을 하고 있던 저를 구해 준 것이 그 레전드 K-POP 아이돌 아티스트 EXO의 백현 님과 함께한 일이었습니다.

어느 날 백현 님이 소속된 SM엔터테인먼트의 디렉터님으로부터 직접,

"꼭 댄서로서 YUMEKI 님이 참여해 주면 좋겠다."

라는 연락이 왔습니다. 그쪽으로부터 "스케줄을 확인해 주십시오"라는 말을 들었는데 확인도 하지 않고 흔쾌히 승낙하며 "괜찮습니다, 하겠습니다" 하고 말했지요. 이 문구는 이제는 저의 입버릇일지도 모르겠어요.

그렇지만 저는 1MILLION 소속이었기 때문에 실제로는 제대로 회사에 허가를 받고 그 현장에 가기는 했습니다.

그 일은 **백현 님의 신곡 〈Candy〉 MV의 백댄서**였습니다. 솔직히 약간 보조하는 정도의 일인가 싶었는데 현장에 가서 깜놀! 디렉터님이 모아 온 댄서들이 한국 톱클래스 분들이고 그중에 저를 넣어 주

제 6 화
한국의 명문 'IMILLION DANCE STUDIO'에 소속

신 거였어요. 그것도 가장 어렸고 외국인이고, 그 유명한 백현 님의 작품이고. 현장에서 그 상황을 파악했을 때 심장이 쿵쾅 울렸습니다. **나의 모든 경험으로 부딪쳐 가며 다른 댄서분들을 따라가기 위해 필사적으로 들러붙었지요. 그렇게 뜨거운 현장**이었습니다.

그 곡에 대해서는 백현 님 본인이 "나의 친구처럼 춤추면 좋겠다"라는 요청을 했기 때문에, 백댄서라는 느낌보다 함께 퍼포먼스를 하는 팀이라는 느낌이었습니다. 그래서 더욱 댄서 각자의 개성도 매우 중시했고 '역시, 이 멤버가 모인 이유를 알겠다'라고 느꼈습니다. 그런 팀에 저를 넣어 준 것에 대해서는 감사할 따름이었습니다.

그 곡의 MV가 코로나19 팬데믹 시기에 공개되었는데 굉장히 평판이 좋아서 '음악 프로그램 활동도 꼭 함께하자'라고 추가로 제안을 받게 되었습니다.

백현 님은 정말 훌륭한 인격자로 댄서인 우리에 대한 배려도 빠뜨리지 않고 어쨌든 잘 챙겨 주었습니다. 특히 저는 연하였고 한국어도 뜻대로 할 수 없다는 이유로 잘 돌보아 주었습니다. 알고 있는 일본어로 말을 걸어 주기도 하고 정말로 다정한 분이어서 구원이 되었습니다.

그 활동을 통해서 YUMEKI라는 댄서를 인지해 준 사람도 많을 것 같습니다. 사실 그 후에 안무 일도 더 많이 들어오게 되었습니다.

안무를 하고 싶다는 꿈, 텔레비전에 나가고 싶다는 꿈이 단숨에 이루어지기 시작했습니다.

| YUMEKI의 꿈✦실현 키워드 | 이거다 싶을 때는 앞뒤 가리지 말고 SAY! YES! |

제6화
한국의 명문
'1MILLION DANCE STUDIO'에 소속

'단체'를 중시하는 한국의 댄스계

저의 댄서로서의 토대를 구축해 준 미국은 개성을 무엇보다 중시하는 문화가 있습니다. 한 명 한 명이 다르고 다른 게 오히려 좋습니다. 댄서인 저의 근저에 흐르고 있는 마인드도 그 미국 문화의 영향을 짙게 받았습니다.

그에 비해 한국에서는 K-POP 아이돌을 보면 알 수 있듯이 일단은 '단체'를 의식합니다. **미국이 '남과 다른 게 좋다'고 하는 것과 달리 한국에서는 '모두 함께 맞추는 게 좋다'**. 이것은 애당초 원하는 것이 다를 뿐이긴 하지만요.

미국 스타일로 자라 온 저는 K-POP의 '맞추는 게 최고'를 미덕으로 삼는 부분을 이해하기까지는 솔직히 약간 시간이 걸렸습니다. 왜냐하면 나쁘게 표현하자면 '개성을 죽이는' 일이니까요. '있는 그대로가 제일 좋잖아' '그런 세세한 부분까지 맞추라고 하다니 로봇 제조업이야?'라고 생각한 적도 있습니다. 지금까지 스스로 원하는 대로 춤추는 것으로 평가를 받아 온 저로서는 상당히 높은 허들이었습니다.

그래서 초기에는 한국 사람과 논쟁한 적도 많았습니다. 예를 들어 제가 춤추는 방식은 미국 스타일로 말하자면 매우 눈에 띄고 개성도 있고 훌륭합니다. 역으로 한국 스타일로 보자면 좋지 않게 튀고 있는 느낌이죠.

저 자신도 한국에서 레슨을 받고 있었고 "더 맞추어서" "옆 사람과 같은 춤으로"라는 말을 몇 번 들었는지 모릅니다. 하지만 **그것이 요구되는 일이라면 할 수밖에 없는** 거지요.

"알겠습니다, 할게요. 그렇지만 제가 멋지다고 생각하는 건 이런 거라고요!"라는 말은 전했습니다.

하지만 한국 댄스 세계에 몸을 던지고 지내는 동안 그 '똑같이 맞추는 미(美)'에 대한 이해가 점점 깊어져 갔습니다. 스스로 안무가 입장이 된 후에는 특히 더 그랬지요. 개성이 지나치게 강하면 자신이 만들어 낸 '보여주고 싶은 안무'가 의도한 춤으로 보이지 않게 되기도 하고 퍼포먼스가 기대한 수준에 도달하지 않는다는 현실을 알았습니다. 필요한 것은 '단체'입니다.

어떻게 '단체의 일부'가 될 수 있을까? 그래서 한국에서는 팀워크를 엄청나게 중시하기 위해 더욱 공동생활을 시킬 정도로 철저하게 합니다. 그런 마인드 자체가 저에게는 아주 큰 배움이 되었고 그 점을 받아들이지 않고 제 마음대로 계속했다면 지금의 저는 없었을 거

제 6 화
한국의 명문 '1MILLION DANCE STUDIO'에 소속

라고 단언할 수 있습니다. 개성 중시도 단체 중시도 양쪽 모두 경험해 온 저는 최강이 아닐까요?

이렇게 한국에서 활동하던 중에 한국의 높은 수준을 뼈저리게 느낀 장면이 정말 많이 있었습니다. 크리에이티브나 엔터테인먼트에 대해 쏟는 열량이 엄청난데 그것은 투자하는 시간과 돈의 양과도 비례합니다. 설비, 기자재, 카메라 등이 정말로 하이 퀄리티. 입는 옷도 마찬가지입니다.

레슨에서는 강사인 댄서도 그저 춤만 추는 게 아니라 자기 브랜딩이라는 의미도 담아서 패션을 고릅니다. 맞아요, **댄서도 아티스트처럼 겉으로 보여주는 직업이지**, 하고 느꼈습니다. 즉 '**보여주는 방식**'**에 집착**하는 겁니다.

그것은 댄스에 대해서도 똑같이 말할 수 있습니다.

종종 한국의 댄스 수준이 높다는 말들을 하는데 당시 스킬 면에서는 일본과 그다지 차이가 없었다고 저는 생각합니다. 하지만 그 '보여주는 방식'이 한국은 정말 뛰어납니다. 물론 요 몇 년 사이에 한국의 엔터테인먼트 업계는 댄스에 엄청나게 힘을 쏟아 왔기 때문에 스킬 면에서도 급성장했습니다.

그래서 지금은 더욱 높은 평가를 받는 것이라 생각합니다.

> **YUMEKI의 꿈♦실현 키워드**
>
> 자기와 다른 방침을 부정하지 않는다.
> 오히려 매력에 대해 깊이 생각한다.

YUMEKI's HISTORY
한국 편

> 댄서 동료인 Alexx 씨와

1MILLION DANCE STUDIO에 막 들어갔을 무렵

한국의 댄서는 자신도 아티스트라는 의식이 있어서 반드시 프로필 사진을 갖고 있습니다. 저도 소속되자마자 프로 카메라맨이 사진을 찍어 주셨습니다.

1MILLION에서 함께 지낸 Alexx 님과는 같이 <스트릿 맨 파이터>에도 출연. 이것은 워크숍 강사로서 초대됐을 때의 사진입니다.

한국 카페에서 친구와

나 홀로 카페도 좋아하지만, 한국 음식은 가령 삼겹살이나 찌개 등 함께 나눠 먹는 것이 많잖아요. 그럴 때는 친구와 먹으러 갑니다.

평소에 안하던 교복 코스프레

댄서 동료가 일본에서 한국에 놀러 왔을 때, 한국인 댄서 친구도 함께 롯데월드에 교복을 빌려서 돌아다 니는 평소에 하지 않았던 일을 해 보았습니다.

워크샵으로 유럽에

스페인이나 프랑스에도 갔었습니다. 한국에 있으면 직장과 집의 왕복뿐 이어지만, 이 때는 스케줄에 여유 가 있어서 쇼핑도 즐길 수 있었습 니다.

제 **7** 장

<스트릿 맨 파이터>로 맛본
인생 최대의 좌절

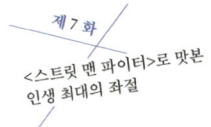

제7화
<스트릿 맨 파이터>로 맛본
인생 최대의 좌절

가득 찬 의욕으로 임했던 <스맨파>

코로나19 팬데믹 때 한국에서 대히트했던 <스트릿 우먼 파이터>라는 여성 댄서 서바이벌 프로그램을 텔레비전에서 봤습니다. 거기에는 EXO 백현 님의 MV 등에서 함께 활동했던 댄서분도 출연하고 있어 굉장히 자극을 받았던 것을 잘 기억하고 있습니다. '**남성 버전 프로그램이 나오면 반드시 출연하겠다**'. 마음대로 그렇게 정했습니다.

그리고 기회가 찾아왔습니다. <스트릿 맨 파이터>(이하, 스맨파)에 출연하기 위한 솔로 댄서 대상으로 한 오디션 <Be Mbitious>가 개최된다는 정보를 SNS에서 보고 응모해야 한다고 의욕에 차 있던 참에 저의 전화가 울렸습니다. 댄서이자 안무가인 미호크 선생님으로부터 온 연락이었어요.

미호크 선생님과는 백현 님이나 더보이즈 등의 일로 함께했던 적이 있고, 지인은 아니었지만 울던 아이도 울음을 그친다고 하는 안무계의 큰 선생님. <걸스플래닛999>나 <보이즈플래닛>에서 마스터(심사원)를 맡았던 댄서 선생님이라고 하면 여러분의 뇌리에 모습이 떠오를 것 같습니다만, 바로 그분입니다.

그 전화는 "같이 팀을 만들어서 스맨파에 출연하지 않겠냐"라는 제안이었습니다. 저는 팀에 소속되어 있지 않아서 SNS에서 본 〈Be Mbitious〉 오디션을 볼 수밖에 없다고 생각하고 있었는데 팀에 들어가 있으면 그 오디션은 건너뛰어도 됩니다. 바라지도 않았던 기회이고 그것도 동경하던 미호크 선생님으로부터의 제안. 꼭이요! 하고 부탁드리고는 일단 팀에 들어갔는데 웬걸 그 팀이 오디션을 통과하지 못했습니다.

그리고 동시에 프로그램 제작 담당자로부터 "YUMEKI 님은 출연해 주면 좋겠으니 〈Be Mbitious〉에 참가해 보지 않겠습니까?"라는 이야기도 들어서 어떻게 해야 할지 고민하고 있었지요. 하지만 팀으로 오디션을 통과하지 못했으니 개인 오디션에 참가하는 것 말고는 현실적으로 출연할 방법이 남아 있지 않았지요. 그리고 합격해서 팀을 만드는 수밖에 없었어요. 팀으로 출연하는 것은 포기하자고 생각하고 있었습니다.

그런데 저는 역시 운이 좋은 것 같습니다. 다시 미호크 선생님으로부터 전화가 와서 이번엔 최영준 선생님과도 함께 팀을 짜 보자고.

영준 선생님은 앞 장에서도 이야기했지만 BTS, SEVEN TEEN, TWICE 등 쟁쟁한 아티스트의 안무를 담당하고 있는 한국 안무계

제 7 화
<스트릿 맨 파이터>로 맛본 인생 최대의 좌절

의 거장이셔서, 갓 시작한 저에게는 구름 위의 존재. 물론 일방적으로 알고 있는 상태로 면식도 없어서 에엣?! 하고 너무 놀라 간이 떨어질 뻔했습니다.

차근차근 이야기를 들어 보니 영준 선생님도 자기 팀을 만들어서 오디션을 보았다고 하는데 그 팀도 떨어졌다는 거였지요. 그래서 안무계 최강의 두 사람이 팀이 되어 다시 최강의 댄서를 영입해서 새로이 팀을 만들기로 했다는 거였습니다. 자기가 만든 팀이 오디션에서 떨어졌다면 거기서 물러설 수 없는 거잖아요. 미호크 선생님에게도 영준 선생님에게도 프라이드가 있습니다. 그 시점에서 "반드시 출연하고 말겠다"라고 우리들의 마음은 하나가 되었습니다.

안무가라는 일은 아티스트와 유사하다고 말해 왔습니다만 그것은 밖에서 본 모습이고, 실제로 안무가로서 오랫동안 일을 해 온 거장 두 분은 플레이어로서 스포트라이트가 비춰지지 않는다는 점을 절실히 느끼고 있었을 거로 생각합니다. 스테이지 위에서 빛나고 싶다. 그것은 댄서의 꿈입니다. 경력과 상관없는 꿈이라 생각합니다.

그 팀에 처음 영입된 사람이 저였고 선생님 두 분과 함께 다른 멤버 선정을 했습니다. 제작진도 진검승부를 할 기세라, 이런 수준의 아이가 있으면 안 된다는 식으로 매우 엄했어요. 경력, 캐릭터, 스킬 모든 것을 엄격히 체크하고 진지하게 골랐습니다. 그렇게 결성한 것이 '1MILLION' 팀입니다.

  실은 당시에 영준 선생님도 미호크 선생님도 1MILLION에 소속되어 있지 않았습니다. 하지만 팀으로서 어딘가에 소속되어 있지 않으면 안 되었지요. 그래서 두 분이 1MILLION에 입사하기로 하면서 팀을 꾸릴 수 있었던 경위가 있습니다. 하나의 프로그램에 출연하기 위해 입사까지 하는 겁니다. 두 분의 진지한 태도를 엿볼 수 있었다고 생각합니다. 그만큼 인생을 걸고 임한 프로그램이었던 거죠.

  저도 오래도록 동경하던 프로그램에 출연하는 것이 정해져서 가슴이 설레고 있었습니다. 촬영이 시작될 때까지는.

> **YUMEKI의 꿈✦실현 키워드** 꿈을 이루고 싶어? 인생을 걸지 못할 정도라면 말하지 마.

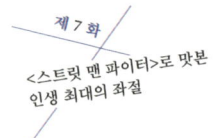

반년에 걸친 촬영으로 심신이 도려내어지고

프로그램의 방송 기간은 2개월 반인데 촬영 자체가 더 길어서 반년 정도. 준비까지 포함하면 약 1년은 이 프로그램에 바쳤던 것 같습니다. 아이돌이 되고 싶은 연습생이 서바이벌 오디션 프로그램에 출연할 경우와 거의 같아서 그 기간은 다른 활동을 접고 프로그램에 집중해야 합니다. 출연자 전원이 그런 상황이라 당연히 그동안은 수입 제로. **인생을 걸고 출연했습니다.**

그런 상황도 있어서 정말 살벌한 분위기였습니다. 서바이벌 프로그램이라는 특성상 높은 곳을 목표로 하지 않으면 집니다. 탈락이지요. 퍼포먼스가 철저하게 평가되고 승부가 잔혹할 정도로 명확하게 보입니다. 그래서 더욱 눈에 보이지 않는 피라미드 같은 구도를 느끼고 있었고 그것 때문에 마음이 눌려 찌부러뜨려질 것 같은 날들이었습니다.

지금까지 아이돌 오디션 프로그램을 한 명의 시청자로서 즐기며 봤는데 스스로 막상 출연하려고 하니 즐겁다고는 절대 말할 수 없었어요. 가혹함이 장난 아닙니다. 그것도 기는 놈 위에 나는 놈 있다는 현실을 맞닥뜨리게 되면서 팀으로서 어떻게 기어 올라갈 것인지 안달하고 있었고 지금까지 느낀 적 없는 분함, 안타까움, 괴로움 등 여러 종류의 부정적인 감정을 경험했습니다.

촬영 장소 옆에 숙소가 있었고 그곳을 이용하지 않아도 괜찮긴 했지만 결국 자기 집에 돌아갈 기력조차 없었어요. 지쳐서 자고 싶은데 무슨 이유인지 눈물이 멈추지 않고 계속 흘렀지요. 그런 한편 머릿속에서는 다음 미션 스테이지를 어떻게 잘 해낼 것인지를 생각하고 있었어요. 감정이 너무 어수선해서 저 자신이 아닌 듯한 느낌이었습니다.

외국인 출연자는 저 한 명이었고 나이도 어렸기 때문에 팀원들도 걱정해 주었는데 솔직히 다른 사람을 지원할 시간도 낼 수 없을 정도로 가혹한 스케줄로 프로그램이 만들어지고 있었지요. 어쨌든 연습에만 집중하지 않으면 스테이지에 맞출 수 없어요. 고된 환경 속에서 같은 팀원은 마음을 둘 곳이긴 했지만 결코 기댈 수 있는 상황은 아니었습니다.

특히 50명 정도의 댄서를 모아서 메가 크루를 만들어 발표하는 미션 기간은 거의 잠을 자지 못했다고 해도 될 정도였습니다. 시간 감각 따위는 사라져 버리고 아침인가, 밤인가? 지금 몇 시? 라는 느낌. 줄곧 스튜디오에 틀어박혀 수많은 댄서를 앞에 두고 우리

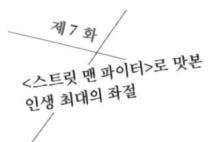

제 7 화
<스트릿 맨 파이터>로 맛본 인생 최대의 좌절

'1MILLION' 팀의 크루 일곱 명이서 스테이지를 생각하고, 가르쳐 주고, 연습하고. 그때는 멤버 전원이 피로와 압박이 최고조였고 녹초가 되어 있었습니다.

프로그램 중에는 각 팀이 서로 으르렁거리고 서로를 욕하고 때로는 상대 아지트를 분탕질하기도 하는데 감정적인 면에서도 상당히 위험했습니다.

댄서끼리 횡적 연결 관계도 있어서 당연히 다른 팀에 지인도 있었지만, 프로그램을 하는 동안 연락을 하는 것은 물론 SNS로 새로이 팔로우하는 일조차 금지되어 있었습니다. 프로그램을 띄우기 위해서 대립 구조를 만드는 건 프로 제작진으로서는 당연한 이야기입니다. 저도 그것은 이해하고 있었기 때문에 할 수밖에 없다고 결심했지만, 머리와 마음이 일치되지 않는 불안정한 나날을 보내고 있었습니다.

원래부터 댄스로 순위나 승부를 정하는 것 자체를 그다지 좋아하지 않았습니다. 여성 버전 스맨파를 보고 내용은 알고 있었고 나도 같은 일을 하게 될 거라는 생각은 했지만, 막상 하려고 하니 정말 장난 아니었어요. 어째서 그렇게까지 해야 하지? 라는 생각이 들어서 받아들이기까지 상당한 시간과 노력이 필요했습니다. 왜냐하면 인생을 걸고 해 온 저의 댄스를 부정당하는 일이기 때문이었어요. 정신이 이상해질 만하지요. 아마도 제가 처음부터 미국 방식의 개성을 중시하는 댄스를 익힌 사람이기 때문에 더욱 저항감이 강했다고 생각합니다.

프로그램을 생각하면 적과 거친 배틀이 볼거리이겠지만, 솔직히 제 안에서는 자신과 싸우는 일이 엄청 많았어요. 갖가지 주제의 배틀이 있는데 제 댄스 인생에서 경험이 적은 테마도 많았기 때문에 거기서 어떻게 내가 싸워 나갈지 어떤 감정을 갖고 갈 것인지가 큰 과제였습니다. 가령 1 on 1에서의 댄스 배틀 등은 제가 지나온 댄스 타입과 다르므로 고생을 했습니다. 그런데 제가 아무리 발버둥 쳐도 현장 환경은 변하지 않지요. 스스로를 바꿔서 거기 들어갈 수밖에 없는 거지요.

저는 남 앞에서 운 적이 없었습니다. 그런데 그 프로그램에서는 내내 울고 있었어요. 감정 컨트롤이 정말 힘들었던 것 같습니다.

그때 제가 도달한 곳은 '무감정'입니다. 정이 들어가면 슬프다든가 기쁘다든가 가엾다든가 열 받는다든가 하는 온갖 감정에 스스로가 흔들리게 됩니다. 그렇게 감정을 컨트롤하는 일 자체가 정말 고통스러웠어요. 그래서 더욱 '무감정'.

물론 지금 생각하고 있는 것을 모두 겉으로 드러내고 말하고 또 표현하는 일이 심신을 위해 가장 건강한 일이고 좋은 일이라는 건 알

제 7 화
<스트릿 맨 파이터>로 맛본
인생 최대의 좌절

고 있습니다. 하지만 그때의 저는 할 수 없었습니다. 한계였기 때문입니다.

그래서 방송된 후 2년 반 정도 지났지만 아직도 프로그램을 전부 보지 않았습니다. 아니, 볼 수 없습니다. 떠올리고 싶지 않아요.

지금은 프로그램에 나가서 성장할 수 있었다고 말할 수 있지만, 한동안은 그런 마음조차 들지 않았거든요.

스맨파 2가 있다면 다시 출연하고 싶은지 질문을 받는다면 분명 출연자 전원이 "두 번 다시는 안 나간다"라고 말할 것 같습니다(웃음).

> **YUMEKI의 꿈✦실현 키워드**
> 괴로워서 스스로를 잃어버릴 듯한 상황에서는
> 감정을 버리고 자신을 지켜라.

아티스트의 시선을 배우다

스맨파 심사위원은 보아 님, 슈퍼주니어 은혁 님, 2PM 우영 님 같은 한국뿐만 아니라 일본에서도 위대한 실적을 남기고 있는 아티스트가 맡고 있었습니다. 그도 그럴 것이 출연하는 댄서가 한국에서 완전 톱 클래스 사람들이기 때문에 그 멤버를 심사할 수 있는 위치의 댄서가 없었을 수도 있습니다. 엔터테인먼트라는 거대한 틀 안에서는 동업자이긴 하지만 완전하게는 동업자가 아니지요. 절묘한 인선(人選)입니다.

우리로서도 **아티스트가 어떤 시선으로 댄서를 평가하고 있는지 잘 알 수 있어서 많은 공부가 되었습니다.** 댄서들끼리 서로 평가는 하지만 아티스트에게 댄서가 어떻게 보일지는 알 수 없습니다. 그런데 특히 안무가는 그들 아티스트와 함께 팀으로 일을 해 나가기 때문에 그들의 시선을 이해해 두고 싶긴 했지요.

이 프로그램을 통해 배운 것은 아티스트는 **댄스를 큰 틀로 받아들이고 엔터테인먼트의 하나로 보고 있다**는 점이었습니다. 일반인도 알기 쉬우면서 동시에 트렌드 감각이 있는 스테이지일수록 높은 평

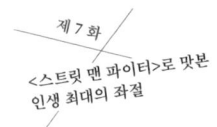

제 7 화
〈스트릿 맨 파이터〉로 맛본 인생 최대의 좌절

가를 받습니다. 댄서에게는 단번에 시계(視界)가 넓어진 듯한 감각이 있었고 자기가 보고 있던 세계가 얼마나 좁았는지를 통감하게 되었습니다.

게다가 은혁 님이 "YUMEKI는 뭐지? 숨은 원석이다"라고 평가해 주었던 건 저의 경력 안에서 매우 큰 것이었다고 느끼고 있습니다.

실제로 이 프로그램의 영향은 정말로 커서 출연 후에는 길에서 일반인이 저에게 말을 걸게 되는 일이 출연 전의 대략 10배 정도는 됐던 것 같아요. 쇼핑을 하고 있어도 "스맨파에 나왔지요?"라며 약간 서비스를 해 주는 경우도 있었습니다.

프로그램이 끝난 후 돌아온 1MILLION에서도 레슨 학생이 확 늘어서, 지금까지는 댄서들이 대부분이었는데 일반인으로까지 범위가 넓어진 것에는 진짜 놀랐습니다. '댄스는 따라갈 수 없지만 YUMEKI를 만나러 왔습니다'라는 느낌의, 이른바 '팬' 같은 존재였어요. 황송한 일이고, 프로그램에는 정말 감사하고 있습니다.

그 또한 일반인이 이해하기 쉽도록 아티스트들이 평가해 주었기 때문인 것 같아요. 물론 서바이벌 프로그램 특유의 자극이 센 내용 덕분에 인상에 많이 남았다는 점도 컸다고 생각합니다만.

> **YUMEKI의 꿈+실현 키워드** 자기 세계를 과신하지 말 것. 세계는 훨씬 넓다.

YUMEKI's HISTORY
<스트릿 맨 파이터> 편

고락을 함께한 '1MILLION' 팀의 크루들

(왼쪽부터) Alexx 님, Yechan 님, NINO 님, 미호크 님, 최영준 님, YUMEKI, ROOT 님.
든든한 크루 여러분과 함께 꼭 위로 올라가자며 열정이 불탔지요.

ⓒ CJ ENM Co, Ltd, All rights Reserved

계급 메인 댄서 쟁탈전에서 이겨 내다

각 계급의 메인 댄서 쟁탈전에서는 보람이 없어 울었습니다만, 결국에는 우승! 심사위원 은혁 님(슈퍼주니어)이 "가장 마음에 드는 댄서"라고 말해 주어 감동했습니다.

최연소 크루인 ROOT 군과

1MILLION은 안무가 강한 팀이지만 '약자 지명 배틀' '계급 미션' 등 상당히 자극적이고 가혹한 배틀에도 도전해야만 했지요. 모두가 보고 있는 앞에서 압박감도 엄청났습니다.

남 앞에서는 울지 않았는데

종반이 되면서 마음은 한계를 마주하고 있었습니다. 남 앞에서 눈물을 보인 적 따위 없었는데 카메라 앞에서 나도 모르게 눈물이 계속 흘렀어요. 신기한 체험이었습니다.

제 8 장

코레오그래퍼로서

제8화
코레오그래퍼로서

퍼포먼스 디렉터라는 존재

일본에서는 하나의 곡에 대해서 안무는 기본적으로 안무가 1명이 만듭니다만, 한국에서는 복수의 안무가가 함께 만드는 일이 종종 있습니다. 한국의 제작 방식에 대해 제가 굉장하다고 느끼는 부분은 감성이 다른 복수의 안무가들이 고안한 동작을 잇고 합치는 것이 매우 뛰어나다는 점입니다. 그때 등장하는 사람이 '퍼포먼스 디렉터'입니다. 대형 기획사라면 전속 디렉터가 존재하고 그렇게 잇는 부분을 정리해서 부자연스럽지 않게 곡에 맞춰 완성하여 줍니다.

저는 ME:I라는 곡으로 처음 퍼포먼스 디렉터를 맡았는데 이 일을 한마디로 말하면 '디렉션을 하는 사람'. 여러 곳으로부터 모인 정보를 정리하고, '이 파트에 이 안무와 움직임을 넣어서'라는 식으로 하나의 곡에 적용시켜 나갑니다. 안무가는 안무를 생각해서 만들고 납품하고, 퍼포먼스 디렉터는 납품된 것을 정리해서 최종적으로 아티스트가 춤추는 형태로 결정하는 느낌. 댄서가 맡는 경우도 물론 있지만 댄서가 아닌 사람이 담당하는 경우도 있습니다. 춤을 추지 못해도 잇고 합치는 일에 관해서는 프로. 부감으로 곡 전체를 볼 수 있는 사람이 하는 일입니다. 이런 사람은 한국에만 있을지도 모르겠습니다.

　ME:I의 안무도 많은 한국 곡들과 마찬가지로 저 이외의 댄서에게도 발주되었습니다. 그것을 이어 하나로 만드는 것이 저의 일입니다.

　실제로 퍼포먼스 디렉터 일을 맡게 되면서 알게 된 것은, 곡에 따라서는 기승전결을 만들어야만 하고 동선을 매끄럽고 위화감 없게 조정해야 한다는 점. 가령 안무가 A 님의 안무를 채용하면서 동선은 안무가 B 님의 것을 조합하는 식의 일을 계속해서 발상해 나가지 않으면 안 됩니다. 상당히 힘들고 노력이 많이 필요한 일이라고 생각합니다. 하지만 이런 식으로 **많은 사람의 손이 더해지면서 한층 더 새로운 발상이 넘치는 화려한 작품으로 완성됩니다.**

　또 ME:I의 현장에서는 스테이지의 디렉션도 제가 맡았습니다. 퍼포먼스를 만드는 것은 물론이고 스테이지를 어떻게 사용할 것인지를 생각하는 것도 퍼포먼스 디렉터의 중요한 일 중 하나입니다.

　사전에 스테이지 겨냥도를 받고, '이 장소에서 이 음원을 사용해서 스테이지를 만들고 싶다'라는 오퍼가 오면 제가 처음부터 제작에 들어갑니다. 이 단계에서는 아직 실제 스테이지를 본 것이 아니므로 머릿속에서 구상을 다듬어 나갑니다. 물론 직접 춤을 추는 멤버도 실제 스테이지에서의 리허설은 전날 1~2회 정도밖에 할 수 없기에, 저

제 8 화
코레오그래퍼로서

에게 배운 것을 충실히 퍼포먼스로 실현하는 방법밖에 없습니다. 그래서 멤버가 조금이라도 안심할 수 있도록 항상 연습하는 스튜디오를 사용하고 거기 실제 스테이지 사이즈를 테이프를 붙이고 레슨을 하는 거지요. '여기 계단이 있고' '앞으로 나오는 건 여기까지 가능하고' '여기서는 리프트로 올라가고'라는 식이죠. 그때 스테이지의 사이즈감이나 상황을 상상하면서 감각적으로 몸이 철저히 익히게 합니다. 게다가 전날이나 당일 리허설을 하고 '역시 이렇게 변경' 같은 것도 물론 있습니다. 그래서 멤버에게는 **무슨 일이 생기더라도 임기응변으로 대응할 수 있는 마인드 세팅을 해 주길 바란다**고 전해 둡니다. 멤버들도 처음에는 '당일 변경이라니 이게 무슨 일이야!'라고 생각했을지도 모르지만 그런 것이 늘 반복되니까 이젠 아주 익숙해져서 아무렇지도 않을 것 같아요.

> **YUMEKI의 꿈✦실현 키워드**
>
> **따로 따로는 모자라는 지혜라도 잘 합해지면 빛나는 보석이 된다.**

데뷔하는 ME:I에게 전한 말

ME:I의 데뷔 멤버가 정해지고 정식으로 이제부터 퍼포먼스 디렉터로서 참가하면 좋겠다는 제안을 받았습니다. 그리고 멤버를 만난 것이 프로그램이 끝나고 1개월 정도 뒤였던 것 같은데요. 그때 제가 전했던 이야기는 "이제부터는 아티스트 ME:I와 안무가 YUMEKI로서 함께 일을 해 나갑니다"라는 것. 이제는 프로그램을 할 때의 댄스 트레이너와 연습생이라는 관계가 아니라 **프로와 프로로서 자각을 갖고 해 나가자**, 라는 마음을 전달한 것이지요.

저도 그때까지 지도해 온 연습생들과 같이 세계를 목표로 할 수 있다는 점에서 매우 기대하고 있었습니다. 그리고 이제부터는 처지가 바뀌어 하나의 팀이 되어 함께해 나간다는 것, 그리고 멤버들의 성장을 가까이에서 보며 도울 수 있다는 점에 감사했습니다. 멤버들 입장에서도 더 높은 곳을 목표로 하고 싶다고 생각하고 있다는 게 아주 잘 전해져 왔기 때문에 몹시 기대되고 있었지요.

ME:I는 다양한 개성을 가진 연습생 11명이 모인 그룹입니다. 프로 아티스트나 아이돌을 많이 보아 온 제 눈에도 ME:I는 정말 개성이

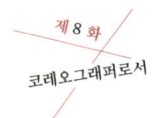

제8화
코레오그래퍼로서

강했어요. 그래서 솔직히 다음에는 팀으로서의 색을 얼마나 짙고 강하게 만들어 나갈 것인지가 승부라고 생각하고 있었습니다. 그 팀의 색을 세상 사람들에게 전하는 일. 그것이 가장 큰 목표이자 성장 잠재력이기도 하다는 말이지요.

데뷔곡 레슨을 할 시점에서는 댄스 수준이 멤버에 따라 솔직히 각각 달라서 그것을 프로 수준까지 끌어올릴 필요가 있었습니다. 기본적으로는 개인이 필사적으로 연습할 수밖에 없지만, 이때는 데뷔하는 날이 정해져 있고 시간도 없었기 때문에 스킬이 부족한 멤버에게는 줄곧 딱 붙어 지내면서 특별훈련을 했습니다. 모두가 같은 무대에 섰을 때 그곳에 기초가 안 되어 있는 사람이 한 명이라도 있으면 매우 나쁜 인상으로 눈에 띄게 됩니다. 그래서 하나의 작품을 여럿이 함께 만들 때는 어쨌든 전원이 기초를 갖추고 있는 게 중요합니다. 상당히 혹독하게 레슨을 했습니다.

기초가 되어 있지 않은 멤버들은, RAN 등 댄스가 특기인 멤버를 중심으로 별도 과제를 연습합니다. 저 없이 자기들끼리 맞추는 연습도 필요하니까요.

댄스에 고전하고 있던 멤버에게는 그렇게 춤을 잘 추는 멤버들의 자세도 큰 자극이 되었을 것 같습니다. 지금은 모두가 같은 레슨을 받으며 일정한 퍼포먼스 수준까지 완성할 수 있게 되었고 안무 외우는 것도 굉장히 빨라졌습니다.

이것은 ME:I에만 해당하는 이야기가 아닌데, 단점을 개선하는 것보다 장점을 보다 빛날 수 있게 레슨하자는 것이 저의 이론입니다. 왜냐하면 아이돌은 정말 바쁩니다. 한정된 시간 안에 작품을 만들어 내야만 합니다. 하지만 단점을 개선하려면 굉장히 시간이 오래 걸립니다. 그 일을 레슨 중에 하면 도저히 완성까지 기다릴 수가 없습니다. 그래서 저는 항상 말합니다. "단점은 스스로 개선해 주세요"라고. 프로인 이상 단점이 있다면 그것을 개선하는 것은 자신의 몫입니다. 그런 개인적인 것은 스스로 하고 모두가 맞추어서 하는 레슨에서는 거기서만 할 수 있는 것을 연습하는 게 맞겠지요.

그래도 실제로는 단점이 남아 있다고 합시다. 그런 때의 제 접근법은 '장점을 강조해서 눈에 띄게 만들고 단점에 눈이 가지 않게 하는 것'입니다. 장점에 윤이 나게 만들면 단점은 보이지 않게 된다고 저는 생각합니다.

장점이나 단점을 단번에 간파할 수 있냐고요? 물론 꿰뚫어 볼 수 있습니다. 그것도 한순간에. 물론 상대가 열심히 하지 않거나 대충대충 하고 있으면 알 수 없습니다. 그것은 장점이나 단점을 말하기 이전의 문제입니다. 그런데 모든 것을 다 쏟아붓고 있는 상태라면 저는 단번에 판단할 수 있습니다.

제 8 화
코레오그래퍼로서

　　그래서 반드시 "잘하고 못하고를 떠나서 있는 그대로의 자신을 모두 드러내 주면 좋겠다"라고 말하는 겁니다.

　　그 반복을 통해 서서히 작품의 완성도를 높여 갑니다.

　　ME:I는 데뷔하고 1년이 지났습니다만 연습생 때와는 다른 고됨을 맛본 1년이었을 거로 생각합니다. 프로의 엄격함도 실감했겠지요. 하지만 멤버 한 명 한 명이 그 현실에서 도망치지 않고 받아들이는 것을 통해 아주 많이 성장한 1년이기도 했습니다. **지금은 11명 모두를 저는 매우 신뢰하고 있습니다.**

> **YUMEKI의 꿈✦실현 키워드** 　**단점에만 신경 쓰지 말라. 너에게는 자랑할 장점이 있다.**

데뷔하는 사람과 못 하는 사람의 결정적인 차이는

이렇게 〈PRODUCE 101 JAPAN THE GIRLS〉와 관련된 일을 하면서 다시금 느낀 게 있었습니다. 그것은 프로그램 안에서 연습생으로서 데뷔를 목표로 하는 단계와, 데뷔가 결정된 단계는 나아가고자 하는 방향성이 달라진다는 점입니다.

연습생으로서 프로그램에 출연하고 있을 때는 자신을 아직 발견하지 못한 사람이 많았어요. 스스로를 찾는 여행을 떠나온 상황인 거죠. 그런 연습생들에게 항상 했던 말이,

"매번 같은 퍼포먼스를 하지 마라."

"스테이지에 설 때 남의 마음을 움직일 수 있는 퍼포먼스를 하면 좋겠다."

라는 것. 늘 같은 모습밖에 못 보여 준다면 그 사람의 가능성은 평생 넓어지지 않습니다. 여러 가지 도전, 다양한 표현을 해 보아야 비로소 자신이 무엇인지 제대로 보이게 됩니다.

한편, 데뷔하는 그룹은 약간 다릅니다. 그 이전까지는 시행착오를 반복해 왔겠지만 이제 그 단계에서는 벗어나지 않으면 안 되지요. 11

제8화
코레오그래퍼로서

명은 프로그램을 통해서 시청자에게 '이 연습생이 좋다!'라는 이유로 뽑혀서 멤버로 들어와 있는 겁니다. 말하자면 이제 '자기'를 찾은 상태. 이제부터는 '이렇게 하면 될까' '이걸 해도 괜찮을까'라는 건 생각하지 않아도 됩니다. 선발된 스스로를 믿고, 있는 그대로를 표현하는 단계에 와 있는 겁니다. 그리고 "그룹으로서 데뷔하는 것이므로 자기 혼자의 목표도 중요하겠지만 팀으로서 어디까지 가고 싶은지 목표를 세우는 것이 최우선 사항이다"라고 그들에게 말하고 있습니다.

그런 의미에서 ME:I의 멤버는 매우 열심히 하고 있다고 생각합니다. 우리 스태프가 말하는 것을 진지하게 듣고 제대로 받아들이고 이해하면서 나아가고 있지요. 그래서 저도 프로로서 11명과 제대로 마주해야만 합니다.

실제로 스테이지에 설 때까지 레슨의 혹독함은 극을 향해 갑니다. 그렇게 하는 이유는 어떤 프로라도 실제 무대에서 100%의 힘을 보여주는 것이 매우 어렵기 때문입니다. 긴장이나 스테이지 컨디션, 불편한 의상 등 그 요인은 아주 많이 있지만 그렇다고 해서 100%보다 낮은 완성도가 용납될 리가 없지요. 그래서 그런 부정적인 요인이 있을 것을 미리 생각해서 연습에서는 150%를 발휘해야 한다고 말합니다. 100%로 연습하면 되지 않을까, 라고 생각할지도 모르지만 그

것으로는 부족합니다. ME:I의 멤버는 지금은 그것을 이해해 주고 있어서 항상 100% 이상으로 연습하고 있기 때문에 실제 무대에서 실패하는 일이 거의 없지요.

그게 형태로 보이게 된 것이 데뷔 전 콘서트. 처음으로 팬들을 만날 수 있다는 점에서 멤버들도 꽤 기합이 들어가 있었습니다. "우리가 괜찮다고 생각한 지점에서 멈추면 안 돼. 그것보다 더 위의 단계에 도달할 때까지 연습하면 실제 무대에서 그걸 보여줄 수 있어" 하고 말하면서 어쨌든 연습을 시켰습니다. 본인들도 연습과 실제 무대 경험을 거듭해 나가는 사이에 그 보람을 실감한 것 같았습니다.

그리고 마지막 공연 때는 소름이 돋을 정도로 매우 훌륭한 퍼포먼스를! 이 멤버들에 대해서는 오래도록 봐 왔다고 생각했는데, 의상을 입고 쏟아지는 스포트라이트와 함께 스테이지에서 노래하고 춤추는 11명은 정말 눈부시게 빛나고 있었습니다. 저는 그때 객석에서 관객과 같은 시선으로 보고 있었습니다. 그리고 확신했습니다. '내가 보고 싶었던 게 이거야!' 하고! 멤버들도 느껴 본 적 없는 충만감과 감동을 느낀 듯 울고 있었습니다. 평소에는 별로 칭찬을 하지 않는 저도 그때만은 극구 칭찬했습니다.

> **YUMEKI의 꿈✦실현 키워드** **100%의 힘을 보여 주고 싶다면, 준비를 150%로 한다.**

제8화
코레오그래퍼로서

안무는 '내려오는 것'

저는 지금까지 발표된 곡에 더하여 콘서트에서만 선보인 곡 등도 포함해 100곡 정도의 곡에 안무를 제공해 왔습니다.

그런 제 실제 작업에 대해서도 약간 이야기를 해 둘까 합니다.

곡의 노래 배정(누가 어느 부분을 노래할 것인지 배정하는 것)을 정하는 사람은 제가 아니지만, 안무 의뢰를 받은 단계에서 노래 배정도 정해져 있기 때문에 **어디서 누구를 돋보이게 하고 싶은가, 그 전후는 어떻게 할 것인가, 균형은 잘 맞춰져 있는가 등을 생각하면서 각각의 볼거리를 만들기도 하면서 안무를 제작합니다.** 노래 배정에 따라 누가 언제 센터로 올지는 어느 정도 정해져 있지만 한 명 한 명이 센터에 와서 주인공이 될 수 있는 순간을 얼마나 반짝이게 만들어 줄 수 있느냐가 제가 쥔 하나의 열쇠라고 생각합니다.

그때 제가 사용하는 건 댄스의 동선을 생각하는 앱 'Choreographic : 댄스 포메이션'입니다. 머릿속에 그려진 움직임을 그 앱에 넣고 정리해 나갑니다. 노트 같은 역할이라고 할 수 있겠지요. 그렇다고는 해도 앱은 어디까지나 툴이고 가장 중요한 건 제가 어떻게 느끼고 어떻게 표현하느냐입니다. 그것을 바탕으로 프로 더미 댄서에게 그 움직임을 가르치고 그것을 영상으로 찍어 납품하는 흐름입니다. 주문을 받은 뒤 1주일 정도 안에 완성시키는 경우가 많지요. 다른 일과도 병행해서 하기 때문에 그 작업 시기에는 잘 시간도 없습니다.

납기일이 다가오는데 안무가 전혀 떠오르지 않는 일도 드물지 않게 있습니다. 그런 때 항상 생각하는 것은 '시간이 없어도 초조해할 것 없다. 언젠가 반드시 내려온다'라는 겁니다. 이 말을 하면 웃음거리가 될지도 모르지만, 안무라는 건 정말로 신이 주시는 거로 생각하고 있거든요. 위에서 내려온다고 해야 할지, 갖다준다고 해야 할지. 그때까지 기다립니다. 하지만 그냥 먹구름 속에서 기다린다고 내려오는 것은 아닙니다. 마음이 느긋할 수 있는 환경이나 음악이 잘 들리는 장소 등에서 스스로를 정돈하고 기다리지요. 그렇게 하면 불쑥 내려옵니다. 밤새워 생각하기도 하고 스튜디오에 5시간이고 6시간이고 틀어박혀 이것저것 해 보아도 전혀 성과가 안 나왔는데 약간 장소를 바꾸어서 바깥에서 멍하니 있는데 갑자기 내려오는 날도 일상다반사입니다. 그렇게 생각하면 인간에게는 역시 오감이라는 게 있고, 냄새나 바람이나 들려오는 소리 같은 것이 모두 맞아떨어지면 오감은 최고로 좋은 감각이 됩니다. 그 순간입니다, 내려오는 것은.

제 8 화
코레오그래퍼로서

머리에 번쩍 떠오르기 때문에 그건 매우 감각적인 것이죠. 그 감각을 믿고 그대로 형태로 만들어 나가는 작업은 안무의 첫 단계로서 매우 중요한 프로세스입니다.

그리고 또 하나 중요하게 여기는 것은 '위화감 없는 동선'이 되도록 완성하는 일. 여러분들도 여러 아티스트들이 출연한 음악 방송이나 스테이지, MV를 본 적이 있겠지요. 볼 때 아무렇지도 않게 태연히 보지 않습니까? 그게 '위화감이 없다'라는 겁니다.

실은 자연스러운 동선이라는 건 매우 어렵습니다. 조금 전문적인 이야기로 들어가면 그 곡의 스테이지를 촬영하는 한 대의 카메라에 여럿이 찍혀야만 하기 때문에 모처럼 큰 스테이지가 있다 해도 아티스트는 좁은 범위에서만 움직이게 되기 쉽습니다. 멤버들 사이의 거리가 가까운 겁니다. 거리가 가깝다는 건 움직일 때 반드시 부딪치게 된다는 말이지요. 그것을 어떻게 자연스럽게 피하게 하고 어느 타이밍에 이동시킬지, 그리고 어느 타이밍에 볼거리를 만들어 갈 것인지……. 그것을 하나하나 정해 나갑니다. 거의 퍼즐 같은 작업이지요.

이런 것은 미국에서는 전혀 배우지 않았습니다. 미국에서 공부한 '코레오'는 본인을 위한 안무 만들기가 다였어요. 한국에 간 뒤로 이러한 단체 스테이징을 습득했습니다. 본인의 댄스가 그저 뛰어난 것

만으로는 안무가 일은 할 수 없다는 것을 온몸으로 경험하게 됐습니다. 유명한 댄서가 일류 코레오그래퍼가 될 수 있는 게 아닌 것에는 그러한 이유도 있습니다.

정말 열심히 생각해서 제출한 안무가 전혀 받아들여지지 않고 다시 만들어야 할 때도 자주 있습니다. 경우에 따라서는 한 곡 통째로 재작업. 그런 경우 대부분은 아티스트가 소속된 회사와 사전에 곡 해석에 대해서 인식을 공유하지 않은 게 원인입니다. 커뮤니케이션을 제대로 해 두면 그런 최악의 사태도 방지할 수 있다는 건 경험을 통해 알게 되었습니다.

얼마 안 있으면 한국에 온 지 6년. 안무가 일은 심오합니다. 아직 한창 공부해야 한다고 느낍니다.

> YUMEKI의 꿈✦실현 키워드
> **몸을 정돈하고 기다리자. 때가 되면 불쑥 찾아온다.**

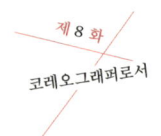

제 8 화
코레오그래퍼로서

안무를 작업한 ITZY의 <WANNABE>가 대히트

일본에서도 '어깨춤'으로 대히트한 ITZY의 <WANNABE>라는 곡을 여러분은 아십니까? 실은 이 곡의 안무 일부를 제가 작업했습니다. 당시의 ITZY라고 하면 기대 속에 신인으로 화려하게 데뷔하여 첫 번째 작품, 두 번째 작품도 대히트를 했지요. 한국에서만 아니라 일본의 젊은이들 사이에서도 모르는 사람이 없을 정도의 톱 아이돌이라는 이미지가 있어서 안무가로 막 시작했을 때의 저에게 세 번째 작품의 안무에 참여할 수 있게 된 것 자체가 믿을 수 없는 이야기였습니다.

그렇지만 당연히 저만 있는 게 아니라 대단한 안무가 선생님들과 공동으로 작업했습니다. 그중 한 사람은 제가 소속되어 있던 1MILLION의 리아킴 선생님. 릴리스 당시 이 춤을 못 추는 사람이 없구나 싶었을 정도로 엄청난 붐을 일으킨 TWICE의 <TT> 등의 안무를 담당하신 K-POP 계의 슈퍼스타입니다. 그리고 또 한 사람은 리정이라는 안무가로서 <스트릿 우먼 파이터>에도 출연하신 엄청난 유명인. BLACKPINK에게도 안무를 제공하셨습니다. 그런 화려한

선생님들과 함께 일을 하게 된 것 자체가 영광이고 기쁜 일이었습니다.

지명된 안무가 속에 제 이름이 있었다는 것은 굉장한 자신감이 되었습니다. 그런 한편, ITZY의 소속사는 역시 실적이 있는 리아킴 선생님이나 리정 님의 의견을 원하고 있다는 점도 알고 있었습니다. 그래서 그 균형을 맞춘다고 해야 할지, 저의 의견을 어디까지 주장하고 다른 선생님들의 의견을 어느 정도로 받아들일지에 대해 자주 생각했지요.

그 곡의 경우에는 MV를 보고 비로소 저의 어느 안무가 채용되었는지를 알 수 있는 시스템이었기 때문에 일반 팬과 마찬가지로 발매일을 이제나저제나 하고 애타게 기다렸습니다. 그리고 릴리스 시간이 되어 재생해 보니…… 있다! 내 안무가 여기 들어가 있어! 이른바 아이콘이 되어 있는 어깨춤에 이어지듯 그 전후에 저의 안무가 채택되어 있었습니다. 제가 멋지다고 생각한 부분을 제대로 써 주고 있어서 **'아! 내 부분!'하며 마음이 요동쳤던** 일을 기억하고 있습니다. 거기에다 우리의 안무를 아티스트 자신이 더욱 좋은 것으로 승화시켜 주었고 빛나게 해 주고 있었어요. 그 훌륭함에도 엄청나게 감동했던 순간이었습니다.

한 명의 신인 안무가에게 음원이 툭 보내지는 일에서 시작되어, 작

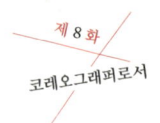

제8화
코레오그래퍼로서

은 스튜디오에서 생각하고 완성된 안무를 보내고 그게 잇고 합해져서 매력적인 작품으로 만들어지고 아티스트가 연기하고 전 세계에 닿지요. 반향이 컸던 곡인 만큼 그런 식으로 이어져서 존재감을 늘려 나가는 현상 속에 내가 있다니…… 반향이 컸던 곡인 만큼 소름이 돋았습니다.

곡마다 제작 과정은 각기 다르지만 그룹인 아티스트의 경우에는 멤버 인원수가 많은 만큼 파트도 많아지게 됩니다. 그래서 복수의 안무가가 생각한 동작의 파트나 요소 중에서 좋은 것을 잇고 합쳐 나가는 스타일이 정답이라고 생각합니다. 그만큼 발주할 대상이 늘어나게 되기 때문에, 그것만 보아도 한국에서는 한 곡에 막대한 투자를 하고, 품을 들이고, 열의를 갖고 임한다는 것을 엿볼 수 있지요.

이렇게 하여 〈WANNABI〉는 대히트. 하지만 안무를 맡은 사람으로서는 이상한 감각을 느낍니다. 이것은 〈WANNABI〉에만 한정되는 이야기가 아닌데, 안무가는 안무 기간 중에 누구보다도 그 곡을 많이 듣습니다. 아티스트 본인보다 더 많이 들었을지도 모릅니다. 그 정도로 많이 듣지 않으면 곡 이해가 충분하게 되지 않습니다. 그 곡에 대해서는 이제 '잘 먹었습니다!'라는 마음이 들 정도로 많이 듣지요. 그래서 '무지 좋은 곡이다'라는 일반인의 반응이 있다고 해도 다

지금 개인적으로 듣는 일은 일단 없어요. 물론 SNS 등에서 다들 어깨춤을 추고 있는 것을 보면 엄청나게 기쁘지요. ITZY의 멤버들이 음악 프로그램 등에서 열심히 하는 모습을 보면 가슴이 벅차오르는 일도 있지요. 하지만 그것과 이건 또 별개의 이야기라. 한발 물러서서 냉정하게 바라보게 되거든요.

 꿈이라는 조그만 씨앗이 많은 사람 손에서 커다란 꽃송이로. 그런 세계가 K-POP에는 있다.

제8화
코레오그래퍼로서

댄스가 이어준 엔하이픈 니키와의 재회

지금은 날아가는 새도 떨어뜨릴 힘을 가진 K-POP 아티스트인 엔하이픈입니다만, 그중에서도 압도적인 댄스 실력으로 전 세계로부터 주목받고 있는 사람이 일본인 멤버 니키 군입니다.

그와의 만남은 리노 님이 디렉션을 했던 샤이니의 일본 투어였습니다. 저는 어시스턴트로서 안무 배우는 일을 하고 있었는데, 그곳에 몸은 몹시 자그마한 한 사람, 주위를 압도하는 오라를 내뿜고 있는 키즈 댄서가 있었어요. 그 아이가 바로 당시 아직 11세였던 니키. 그 무렵에는 리키 잭슨이라는 이름으로 활동하고 있었는데 강한 의지와 실력을 겸비한 아이였습니다. 롤 모델은 마이클 잭슨.

그 아이는 엄청난 노력가였고, 꿈을 쫓기 위해 홀로 한국으로 건너가 14세 때 〈I-LAND〉라는 서바이벌 오디션 프로그램에서 데뷔를 거머쥐었습니다. 지금은 일본에도 외국에도 엄청나게 큰 팬덤을 가진 톱 아티스트로 성장했습니다.

그와 만난 건 2017년. 그 후 좀처럼 만날 기회가 없었는데, 같은 K-POP이라는 세계에 있으니 언젠가는 만날 수 있지 않을까 하고 기대는 하고 있었습니다.

   그리고 그 기회가 찾아왔습니다. 니키의 본가가 댄스 스튜디오를 경영하고 있는데 그 스튜디오로부터 워크숍 제안이 들어온 거죠. 거기서 부모님께도 처음 인사를 드렸는데 부모님은 '아들이 신세를 지고 있습니다' 같은 느낌이었어요. 그리고 "만약 시간이 있으면 다음 라이브를 YUMEKI 님이 보러 오면 좋겠다고 니키가 말하는데 어떠세요?"하고 초대를 해 주셔서 7년 만의 재회가 이루어진 겁니다. 그게 2024년의 일이었습니다. 왜 기뻤는가 하면, 그때까지 니키와는 한국에서의 업무상 관계가 전혀 없었어요. 그런데도 라이브에 초대해 준 그 마음에 정말 감격했습니다.

   7년 전에는 저보다 훨씬 몸이 작았는데 키도 확 자라서 완전히 아티스트의 오라를 띠며 빛나고 있었습니다. 그런데 대화를 해 보니 저도 마찬가지지만 일본어가 약간 한국식이 되었더라고요(웃음). 만난 순간 '와아~!' 하고 말을 잇지 못한 채 허그. 별로 시간도 없어서 5분 정도 이야기를 나누었는데 정말 최고의 시간이었습니다.

   저와 니키는 '자기가 진정으로 하고 싶은 일이 있어서 일본을 뛰쳐나갔다'라는 공통점이 있습니다. 그래서 많은 말을 나누지 않아도 그 마음은 서로 알 수 있습니다. 특히 니키는 저보다 훨씬 어린 나이에 혼자 한국에 가서 엄청나게 노력했을 겁니다.

제 8 화
코레오그래퍼로서

꿈을 향해 행동하는 일은 누구나 할 수 있다고 생각할지도 모르지만 실제로는 그리 쉬운 일은 아니지요. 환경이나 나이나 돈이나 학교 등 다양한 이유를 들어 포기하는 사람이 많은 것도 사실입니다. 그런 중에 니키가 걸어온 발자국은 그의 뒤로 나아갈 젊은 세대에게 길잡이가 되었다고 생각합니다. 나이는 그가 훨씬 어리지만, 굉장히 존경하고 있습니다.

인연이 닿아서 2024년 엔하이픈의 곡 〈Brought The Heat Back〉의 안무도 담당하게 되었습니다. 그때까지의 엔하이픈은 〈뱀파이어〉라는 컨셉이 특징적이었는데 그 곡은 완전 확 바꾸어서 '트렌디한 느낌으로'라는 어려운 요청이 있었습니다. 게다가 가사에는 사랑의 질투심이 그려져 있었는데 그 가사에 얽매이지 말고 리듬이나 음악이 가진 특징을 살려 달라는 말을 들었습니다. '가사를 기억하기 쉽게 해석한 안무를'이라는 요청을 받는 경우는 많지만 가사는 제쳐두고 안무를 만들라는 요청은 드물지요. 그래도 그런 만큼 직감으로 확 진행할 수 있었지요.

또 'Artist Of The Month'라고 하여 매월 한 사람의 K-POP 아티스트를 뽑아서 동영상을 온라인으로 내보내는 기획이 있는데 그 기획에서 니키가 선정되었을 때도 안무를 담당했습니다. 그때의 안무를 니키는 아주 마음에 들어 해 주었고 가족분들도 "YUMEKI 님의 안무로 춤추는 아들을 좋아합니다"라고 말해 주었지요. 그때는 아마도 니키 본인이 직접 저를 지명해 주었던 거로 생각합니다.

 설마 7년 전에는 이런 형태로 재회하게 될 줄 꿈에도 생각하지 못했기에 댄스를 계속해 오길 잘했다는 생각으로 가득합니다.

 '인연'을 끌어당기는 건 '노력' 오직 하나.

데뷔를 도와주는 일

ME:I도 그랬지만 저는 아티스트의 데뷔곡 안무를 담당했던 적이 많습니다. 가장 처음은 PURPLE K!SS. 최근에는 TWS나 신생 케플러 등 그 아티스트의 출발을 함께하는 일도 늘어났습니다. 그것은 저로서는 굉장히 기쁜 일입니다. 소속사의 의욕도 엄청나고 그 그룹으로서 빛나는 첫걸음이 되는 일이므로 저도 자랑스러운 기분이 됩니다.

그리고 역시 데뷔곡 안무에는 힘을 주게 되는 것도 사실. 그 그룹의 대표곡이 될 수 있는 데다가 곡의 완성도에 따라서는 그룹의 활동 폭이나 아티스트 인생이 변해 버릴 수도 있기 때문에 책임이 막대합니다. 그래서 더욱 많은 종류의 패턴이나 안무 후보를 생각하고 정말로 베스트인 것을 만들어 나갑니다.

예를 들어 데뷔곡은 아니었지만, 케플러의 멤버가 9명에서 7명이 되고 재출발을 하게 되었을 때의 곡 〈TIPI-TAP〉. 〈걸스플래닛999〉로 데뷔한 9명은 데뷔곡인 〈WA DA DA〉로 한 시대를 휩쓸었지요. 그 후 2년 반이 지나 멤버가 재편성되고 다시 새로운 그룹이라는 인상으로 재출발을 준비하고 있었습니다. 소속사에서는 '지금까지 한 번도 함께한 적 없는 YUMEKI 님과 신생 케플러가 만나면 무언가 새로운 바람, 그리고 새로운 크리에이티브가 생겨나지 않을까' '팬들은 물론 멤버 본인들조차 본 적 없는 자신과 만날 수 있는 곡으로 만들고 싶다'라며 일을 맡겨 주셨지요. 보아하니 저의 남성다운 강함과 여성스러운 부드러움 두 가지를 다 구사할 수 있는 스타일에 매력을 느낀 것 같았습니다.

그렇지만 한마디로 '새로운'이라고 하는 건 너무 막연해서 어렵지요. 그 '새로운'이라는 건 구체적으로 어떤 것일까에 대해 정말 면밀하게 조사하고 고민하여 안무 제작에 들어갔던 것을 잘 기억하고 있습니다. 검토한 끝에 '지금까지의 에너지 넘치는 케플러에서 귀엽고 트렌드한 느낌이 있는 케플러로 만들어 나가자'라는 방침이 정해졌습니다.

실제로 멤버들도 새로운 케플러가 되는 일에 처음에는 불안을 느꼈던 것 같습니다. 그거야 당연하지요. 잘나가는 아티스트니까 지금까지 응원해 준 팬들을 생각하면 불안도 있었겠지요. 하지만 '이것이 기회'라고 받아들여 주었습니다.

과연 대인기를 누리는 아이돌 그룹은 달라서 실력은 더할 나위 없었지요. 데뷔 3년 차라는 점도 있어서 안정감이 있으면서 신인의 신

제8화
코레오그래퍼로서

선함도 있는, 매우 균형이 잘 잡힌 팀이라고 생각했습니다. 그래서 제가 구상했던 안무를 완벽하게 소화해 주었지요. 해낸 보람이 있었고 굉장히 중요한 일이라고 인식하고 있었기 때문에 이 곡이 발표된 후에는 세상의 반응이 궁금하여 내내 안절부절못하고 있었습니다. 그리고 뚜껑을 열었더니 호의적인 평가가 많아서 후유 하고 일단 안심. 멤버가 스테이지에서 활기차게 춤추고 있는 모습을 보면 굉장히 행복한 기분이 되었습니다.

안무가의 일은 아티스트 인생의 일부를 짊어지고 있습니다. 그것이 데뷔나 재출발이 될 때는 더욱 그렇지요. 그런 큰 역할을 저에게 맡겨 준 것이니 반드시 성공시킵니다. 반드시.

YUMEKI의 꿈✦실현 키워드 **자신과 상대의 인생, 둘 다 짊어질 각오는 되어 있는가.**

목표는 세계

5년 동안 1MILLION에 소속되어 다양한 경험을 할 수 있었습니다. 5년이란 긴 것도 같고 짧은 것 같기도 한…… 그런 기간이지만 돌아보면 19세에 향후 5년 동안 소속될 곳을 결정하다니, 잘도 그런 큰 결단을 내렸구나 싶어 웃음이 납니다.

그 시간이 끝나는 2024년이 되기 조금 전부터 미래를 향해 새로운 도전을 하고 싶다는 생각이 제 안에서 소용돌이치고 있었습니다. 첫 클래스, 안무가 데뷔, 스맨파 출연……. 분명 소속되어 있었던 그 5년 동안 후회 없는 활동을 할 수 있었던 것도 컸을 거로 생각합니다. 온 힘을 다 짜냈다는 느낌입니다. 상황적으로는 계속 1MILLION에 머무르는 일도 가능했지만, 그래도 되는 걸까? 하고 자문자답했더니 대답은 NO였습니다. 스스로를 좀 더 높이고 싶다. 그렇게 생각했을 때 소속사 이적은 필수라고 느꼈습니다.

몇 번이나 이야기한 것처럼 1MILLION은 한국에서는 무적의 인기 스튜디오입니다. 유명한 안무가 선생님들도 많이 소속되어 있습니다. 하지만 저는 한국만이 아니라 세계로도 뻗어 나가고 싶었

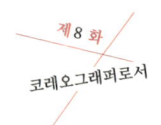

어요. 그때 나온 선택지가 RIEHATA 님도 소속되어 있는 'JAM REPUBLIC'이라는 소속사입니다. 여기에는 주로 세계를 무대로 활약하고 있는 미국인 아티스트가 소속되어 있고 K-POP 계의 유명한 안무가들도 많지요. 아시아인이 오히려 적지만 그 안에는 다양한 국적을 가진 사람들이 있습니다. 본사는 싱가포르이고 미국 엔터테인먼트 시장에도 강하지요. 여기 소속되어 있으면 분명 또 새로이 큰 배움과 만남이 있을 것임이 틀림없겠지요. 그렇게 생각하고 2024년 이적을 결정했습니다.

한국에서는 이적은 자주 있는 일이고 아직 계약 기간 중이라고 해도 헤드헌팅 같은 형태로 스카우트를 하기도 하고 위약금을 지불하면서까지 이적하게 하는 일은 꽤 일반적인 일입니다. 일본인의 사고방식에서 보면 절대로 금기인 일입니다. 그렇지만 사실 저도 일로 함께한 적이 있는 대형 연예기획사의 댄서 소속사로부터 1MILLION에 소속되어 있는 도중에 여러 번 제안을 받은 적도 있었습니다.

하지만 JAM REPUBLIC에 소속된 이상 미국인 아티스트의 안무나 미국 투어 참가 등 제가 미국에서 기른 경험도 살릴 수 있는 일을 해 보고 싶어요!

그런 한편 미국에서는 아직 인종 차별적인 사고방식이 횡행하고 있고 특히 아시아인을 얕보는 일이 많은 것도 사실. 그렇다고 해서 포기할 마음은 조금도 없습니다. 아시아인인 내가 세계로 뛰어나가 도전해 가는 모습, 그리고 결과를 남기는 모습을 보여 줌으로써 젊은 댄서의 꿈과 희망이 되지 않을까? 그런 마음도 동기가 되고 있습니다.

덕분에 일본에서의 활동도 늘어나고 있고 혼자서 관리하는 건 힘들 것 같다고 생각했던 무렵에 마침 현재 소속되어 있는 일본 소속사 'WOWs (Natee)'에서 제안을 해 주었습니다. 아티스트 시선에서 저의 미래까지 생각해 주는 소속사의 방침에 공감하여 일본에서의 활동 매니지먼트를 맡기고 있습니다.

시대는 항상 변해 가는 것이라 트렌드에 민감하게 살고 싶어요. 무엇이든 선점할 수 있는 사람이 되고 싶습니다. 그리고 트렌드를 만들어 가는 쪽에 서서 살고 싶습니다. 그래서 누군가가 댄스를 대한 방식이나 살아온 길을 그대로 따라가는 일은 절대로 하지 않습니다. 물론 흡수할 수 있는 것은 하고 마지막에는 스스로 결정합니다. 나 자신이 처음으로 더듬어 갈 개척되지 않은 길을 앞으로도 힘차게 나아가기로 마음먹었습니다. 그렇게 하지 않는다면 내가 아니기 때문에.

YUMEKI의 꿈✦실현 키워드 **남을 흉내 내는 일 따위 하지 않는다.
자기 스타일로 가치를 찾아내라.**

YUMEKI's HISTORY
데뷔 아티스트 편

> PURPLE K!SS의 데뷔곡 안무를 담당

안무가가 되고 처음으로 '신인 아티스트 데뷔'에 참여한 것이 PURPLE K!SS. 쿨한 세계관에 중독성도 있는 <Ponzona>의 안무를 담당했습니다. 스맨파에서 절차탁마했던 '1MILLION' 팀의 멤버 ROOT 군과 함께 두 번째인 <Zombie>도 안무. 멤버들로부터 완성된 앨범을 받았습니다!

> ME:I로서
> 처음 팬 앞에 등장!

제8장에서 이야기한, 데뷔 전에 했던 ME:I 첫 '팬 콘서트' 후에 찍은 1장입니다.
콘서트를 향한 연습과 동시 진행으로 데뷔곡 제작도 하고 있었기 때문에
익숙하지 않은 일투성이인 날들 속에서 멤버들은 정말 열심히 애썼다고 생각합니다.
본 방송을 할 때는 관계자석 한중간에서 보았는데 끝났을 땐 박수!
지금까지 중에 가장 많이 칭찬했던 날이었을지도 모릅니다.

YUMEKI에게 50개 질문

01. MBTI는?
INTP

02. '유메키(夢生)'라는 이름의 유래는?
한자 그대로인데 '꿈을 향해 살아가기를 바란다'라는 뜻이 담겨 있습니다. 덧붙여 말하면 다른 남자 형제들 이름에는 모두 '유'가 들어가 있습니다. '유토' '유메키' '유세이' '유라'. 그런데 무슨 이유인지 여동생에게는 '유'가 들어가지 않았고 '마나미'입니다(웃음).

03. 장점은?
스스로 좋아하는 것에 대한 열정과 진정성, 강한 집착은 누구에게도 지지 않을 자신이 있습니다!

04. 단점은?
잘 질리는 점. 한곳에 오래 있을 수 없는 타입이고 한 가지 일에 계속 집중하는 게 힘듭니다.

05. 어릴 때 좋아했던 프로그램은?
'뮤직 스테이션'이나 음악 프로그램 전반. 버라이어티 프로그램인 '퀴즈! 헥사곤'도 무지 봤습니다.

06. 어릴 적 꿈은?
텔레비전에 나가서 노래하고 춤추는 아티스트.

07. 장난치고 혼난 기억은 있나?
너무 많아서(웃음). 연년생 형의 게임을 빼앗거나, 물건을 마음대로 쓰고 놀아서 자주 혼났지요.

08. 학교 행사에 대한 추억은?
제가 중학생이 되었을 때 마침 체육 수업에서 댄스가 필수가 됐던 시기. 친구들로부터 '댄스 보여 줘'라는 말을 들은 것을 구실로 문화제에서는 제가 적극적으로 '연습하자-!'라는 느낌이었고 다들 끌어들여서 가르쳤습니다.

09. 어릴 때 믿었던 도시 전설은?
'착한 일을 하면 그대로 돌아온다. 나쁜 일을 하면 벌 받는다.'
어릴 때는 돌아서면 장난을 치고 싶어 하는 성격이었는데 항상 '나쁜 일을 하면 벌 받는다'라는 말이 머릿속을 스쳐서, 그러면럼 관두자! 하는 식이 되었지요.

10. 좋아하는 브랜드는?
패션에 꽤 고집이 있어서 신발은 뉴발란스, 모자는 뉴에라를 좋아합니다. 그리고 안경은 젠틀몬스터를 모으고 있는데 다 같은 색에 비슷한 모양이라 거의 다르지 않지만 약간의 차이가 있어도 다 좋아해서 5개 정도 갖고 있어요(웃음).

11. 춤출 때 고수하는 패션은?
반드시 캡을 씁니다. 눈이 약간 감춰지면 흥이 더 나기도 하고 제 속으로 들어가기 쉬운 것 같아요. 옛날에는 누구보다도 눈에 띄는 색의 옷을 즐겨 입었는데 최근에는 '움직이기 쉬우면서도 평상복으로 보이는 패션'을 고집합니다. 레슨복이나 트레이닝복의 이미지가 아니고 평상복인데 입은 채로 춤을 출 수 있는 느낌.

12. 충동구매는 하는 타입?
합니다! 생각나면 직감에 따라 사는 타입. 마음에 들면 가격도 보지 않고 사자! 라고.

13. 최근에 산 물건은?
AirPods일까요. 문득 보니 없어졌던 기억이 이래저래 5~6번 있었고. 없을 때는 헤드폰을 사용하는데 좀 무겁거든요. 그래서 '이게 마지막이다. 절대 잃어버리지 않겠다' 하고 저와 약속했습니다(웃음).

14. 좋아하는 음식은?
초밥과 매운 음식 전반. 그리고 커피. 반드시 블랙으로.

15. 잘 못 먹는 음식은?
한국 고추의 매운맛은 좋아하지만, 고추냉이나 겨자의 매운맛은 안 돼요. 코에 찡하고 오는 느낌……. 그래서 초밥은 반드시 **고추냉이 뺀** 것으로 먹습니다.

16. 달콤파? 매콤파?
둘 다!
달콤한 것도 매운 것도 다 좋아해요. 달콤한 것 중에서는 특히 까눌레에 최근 푹 빠져 있어요. 먹을 땐 블랙커피가 필수입니다.

17. 최후의 만찬, 뭐가 좋은지?
초밥 아닐까요? 특히 연어와 붕장어를 무지 좋아합니다. 한국에도 초밥은 있는데 회전초밥은 왠지 일본과는 약간 달라서 일본인이 생각하는 초밥은 본격적인 가게에 가지 않으면 먹을 수 없어요. 그래서 초밥은 반드시 일본에서 먹는 것으로 하고 있습니다.

18. 날마다 빠뜨리지 않고 하는 일은?
아무리 피곤한 상태라도 자기 전에 제대로 스킨 케어를 하는 일. 특히 보습을 중시하고 있어서 엄청난 일이 있지 않는 한 1일 1팩을 빠뜨리지 않고 하고 있어요!

19. 건강 관리를 위해 신경 쓰고 있는 점은?
아연과 철분 등 영양제를 먹고 있습니다. 그리고 다시마차를 물에 타서 마셔서 몸 안쪽부터 깨끗하게 합니다. 효과가 있는지는 모르지만, 기분상으로는 강해진 느낌이 듭니다.

20. 아침에 일어나서 가장 먼저 하는 일은?
물 마시기. 인산의 몸은 자는 사이에 수분 부족이 되기 때문에 페트병을 상비하여 마시고 있습니다.

21. 수면 시간은?
아무리 바쁠 때라도 4시간은 필요해요. 정말 바쁠 때는 아침 6~7시 정도에 자서 10~11시경에 일어납니다. 야행성이에요. 아무리 여유가 많아도 8시간 정도 자는 듯해요. 하루 종일 자는 일은 없을 수도. 하지만 원래부터 하루 통째로 휴식……, 그게 마지막이 언제였더라…….

22. 개인적으로 즐기는 일은?
카페에 가서 넷플릭스로 밀린 거 마구 보기! **나 홀로 카페**나 **나 홀로 쇼핑** 같은 거 좋아하고요. 덧붙이면 꼭 혼자가 아니면 안 돼요. 쉬는 날은 반드시 혼자 지냅니다.

23. 제일 먼저 외운 한국어는?
"안녕하세요."

24. 좋아하는 영화는?
한국 영화라면 <기생충>, 미국 영화 중에서는 <타이타닉>. 이 두 작품을 보면 제 마음이 움직입니다. 좋아하는 작품의 경우 자막, 더빙 모두 여러 번 보게 되거든요. 같은 대사라도 또 다르게 들리기도 하고 주인공이 달라 보이기도 하고 볼 때마다 즐길 수 있습니다.

25. 좋아하는 색은?
검정, 그레이, 파랑

26. 가 보고 싶은 나라는?
스위스. SNS에서 보곤 하는데 동네 풍경이 아주 아름다운 곳이라 전부터 동경하고 있습니다.

27. 스트레스 발산은 어떻게 하는지?
나 홀로 쇼핑! 자주 가는 동네는 '성수'예요. 친구와 가는 것도 물론 좋지만 저는 **성미가 급해서 빨리 가고 싶으면 갑자기 뛰기도** 하거든요. 제가 원하는 속도로 보고 싶고 혼자 밥을 먹을 때도 아무 생각 없이 주문할 수 있으니 편하고요.

28. 일본에서 좋아하는 장소는?
집이 있는 요코하마! 특히 '바샤미치(마차길)'와 '아카렌가 창고'는 가고 싶어지는 장소입니다.

29. 행복을 느끼는 순간은?
나를 응원하는 메시지가 왔을 때. 사랑받고 있구나- 생각합니다.

30. 과거와 미래, 갈 수 있다면 어느 쪽?
무조건 과거.

31. 특수한 능력을 가질 수 있다고 한다면?
'1주일 동안 밤샘해도 잠이 안 오는 능력' '바쁠 때 몸을 둘로 나누어서 쓸 수 있는 능력'.

32. 만약 딱 하루만 누군가와 바뀔 수 있다면?
BTS의 V 님과 저스틴 비버 님! 대활약하고 있고 셀럽이고 미모도 훌륭하고. 그 사람들의 하루는 어떤 느낌일지 궁금해리!

33. 연애를 한다면 어떤 사람이 타입?
잘 웃는 사람!

34. 복권으로 큰돈이 당첨된다면?
반은 일단 저축하고, 나머지 반 중에서 또 반은 가족에게 주고 또 반은 저를 위해 한순간에 쓸 겁니다. 시간과 경험에 돈을 쓰는 것을 좋아하므로 당장 해외로 가는 티켓을 살지도!

35. 무인도에 무언가 하나만 갖고 갈 수 있다면?
어렵네요…… (Thinking Time 긴 편), 생일 같은 때 팬으로부터 받은 추억의 물건일까요? 저는 만약 어딘가의 나라로 이사를 간다고 해도 스마트폰은 딱히 필요 없어요. 그것보다 돈으로 살 수 없는 것을 갖고 가고 싶어요.

36. 파트너에게 바라는 것은?
가치관이 나와 맞는 것. 좋아하는 것과 싫어하는 것이 나와 비슷하기를.

37. 이상적인 데이트는?
……저는, 그다지 체력에 자신이 없어서(웃음). 하루 종일 데이트하는 건 힘들어서 점심때부터 부탁합니다. 놀이공원이라고 해도 가능하면 저녁때부터가 좋아요.

38. 댄스 이외에 보고 있는 SNS는?
외국의 여행 Youtuber를 좋아합니다.

39. 댄스 이외에 도전해 보고 싶은 일은?
내가 할 수 있다면 재미있겠다! 싶은 건 '연기'! 애드리브를 잘하기 때문에 분명 대사는 늘 외우지 않고 가는 타입일 겁니다(웃음).

40. 댄스 인생에서 가장 많이 운 것은 언제?
혼자 미국에 갔을 때. 댄스가 좋아서 갔는데 전혀 따라갈 수 없고 한심함과 가장 많이 갈등했던 시기였던 것 같아요. 레슨 후 귀갓길,

혼자 걷고 있으면 나도 모르게 눈물이 막 흘러내렸어요. 혼자 해결해야만 하는 일이라 누구에게도 말하지 않았지만요.

41. 댄스 인생에서 가장 긴장했던 일은?
중국에서의 첫 워크숍. 그때는 아티스트에게 댄스를 가르칠 때보다 훨씬 긴장했습니다.

42. 댄스 인생에서 가장 기뻤던 일은?
제가 안무를 맡은 아티스트가 음악 어워드에서 상을 받았을 때! 그리고 처음 안무 의뢰 연락이 왔을 때도 기뻤어요. 오래도록 안무가가 되고 싶었기 때문에 '아티스트를 가르칠 수 있다!' 싶어서 그 순간이 가장 기뻤지요.

43. 특별히 마음속에 남은 작업은?
<PRODUCE 101 JAPAN THE GIRLS>가 가장 남는다고 할까요? 장기간이었고 누군가의 데뷔를 지원하는 일이나 심사하는 일도 처음이었기 때문에. 스스로 스테이지에 서는 것도 아닌데 모두가 성공하면 내 일처럼 기뻤고 헤어질 때는 슬펐어요. 여러 감정이 끓어오른 작업이었어요.

44. 일을 거절하는 경우도 있나?
있습니다. 스케줄적으로 어떻게 해도 어려운 경우도 있고, 아니면 내가 아니어도 할 수 있는 일은 거절합니다. 솔직히 저와 레벨이 같은 정도라도 저보다 싼 금액으로 일을 받아들이는 사람이 있을 거로 생각하거든요. 굳이 내가 아니어도 된다 싶으면 하지 않습니다. 그런 건 꽤 직감에 따라 즉시 결정합니다.

45. 댄스에 있어서 포기하는 일은 있나?
지금은 있습니다! 그것도 아주 자주 있지요. 예전에는 '포기하면 지는 거'라 생각하고 있었는데 지금은 그런 자신도 솔직하게 인정해주고 스스로를 사랑할 수 있게 되었습니다.

46. 언젠가 안무를 맡아보고 싶은 사람은?
BLACKPINK하고 라이즈, 이즈나. 특히 라이즈는 음악이나 패션도 무지 센스가 좋아요. K-POP은 아이돌이라는 이미지가 강한 것 같은데 그 틀을 뛰어넘을 정도로 멋진 아티스트예요.

47. <PRODUCE 101>의 연습생이라면 첫 등장 신에서 몇 위에 착석할까?
9위 정도. 겨우 11명 데뷔 범위 안이지만 더 위로 가자! 라는 것과, 방심하면 범위 밖이 될 수도 있다! 라는 것이 혼재된 게 좋아요. 역시 도전을 좋아하므로 아슬아슬한 라인을 바로 선택!

48. 팬으로 받은 메시지 중 기뻤던 것은?
'YUMEKI 님을 보고 댄스를 시작했습니다' 또는 'YUMEKI 님의 안무를 보고 그 곡을 좋아하게 됐다' 같은 거. 나를 계기로 '시작했다' '좋아하게 됐다'라는 말을 들으면 보람을 느낍니다. 왜냐하면 그 사람의 인생을 움직일 계기가 된 거니까요.

49. 좌우명은?
'유언실행(有言實行)'.

50. 10년 후의 자신에게 메시지를!
10년 후면 35세이려나.
몸을 소중히 하고 건강하고 행복하게 살기를 바랍니다.
아직 25세이지만 몸 컨디션이 가끔 불안해질 때도 있어서. 댄서는 자기 몸이 상품이니까 '춤을 못 추게 된다면……' '다치게 되면 어쩌지'라는 생각을 하게 되거든요. 그래서 건강하게 오래도록 내가 좋아하는 것을 계속할 수 있다면 무엇보다 그게 최고!

끝맺는 말

안무가는 물론 댄서라는 직업조차 아직 세상에서 인지도가 낮고 '댄스 따위 직업이 될 수 없다'라는 빡빡한 의식이 있었던 것도 알고 있습니다. 그런 목소리는 일본은 고사하고 댄스가 문화에 완전히 융화되어 있는 한국에서도 들립니다. 아티스트와 다름없이 저렇게 빛나는 안무가가 많고 전 세계에서 활약하고 있는데도 말입니다.

저는 그런 식의 댄서에 대한 세상의 오해를, 선입견을 계속 깨뜨려 나가고 싶습니다. 댄스는 음악과 마찬가지로 사람 마음을 움직일 수 있는 무엇과도 바꿀 수 없는 존재이자, 댄서는 그저 춤만 추는 사람이 아니라 더욱 크리에이티브한 존재라는 것을 제가 증명하고 싶습니다.

지금 젊은 세대의 댄서들 중에는 댄스로는 먹고살 수 없다는 이유로 학교를 졸업하면 취직하는 사람이 매우 많은데 저는 그게 몹시 슬퍼 견딜 수 없습니다. "그렇지 않다, 할 수 있다"라고 그들에게 말하고 싶어요. 지금이야말로 차세대를 맡을 젊은이들이 나아갈 길의 기반을 만들고 그들이 새로운 가능성에 도전하기 좋은 환경을 정비

하는 일이 댄스계의 미래에는 반드시 필요합니다. 그것은 내가 하지 않으면 안 되는 일이라고 마음먹고 있습니다.

그러면 언제까지 할 거야? 자문자답을 하게 됩니다. 고등학생 때 부모님의 지원을 받는 것은 고3 끝날 때까지라는 시간제한을 정하고 제가 열심히 쫓아서 길을 개척했던 것처럼 어떤 목표에 대해서든 기한을 정하고 움직이는 게 저에게는 맞는 것 같습니다. 물론 이대로의 속도와 의지로 계속하면 좀 더 나이를 먹은 뒤에도 안무가의 일은 가능할지도 모릅니다. 하지만 질질 끌며 계속하기보다 목표를 정하고 그때까지 해내는 게 저에게 맞는 것 같아요.

그래서 안무가 일은 30세까지. 그때까지는 안무가로서도 새로운 도전을 계속할 것이고 댄서로서도 가능성을 더 모색하고자 합니다. 30세가 되기 전까지 새로운 길을 개척하는 것이 지금 저의 목표이자 꿈.

그리고 발매일인 오늘, 저는 또 새로운 스테이지를 향해 나아가고 있습니다. 그것은 어떤 도전일 거로 생각하세요? 분명 여러분을 앗, 하고 놀라게 할 거로 생각하면, 지금부터 가슴의 두근거림이 멈추지 않습니다!

꿈을 위해 산다는, 저에게 주어진 미션은 앞으로도 계속될 겁니다.

ONE DANCE : SEKAIDE YUME WO KANAERU IKIKATA by YUMEKI
Copyright © YUMEKI 2025
All rights reserved.
Original Japanese edition published in 2025 by SHINCHOSHA Publishing Co., Ltd.
Korean translation rights arranged with SHINCHOSHA Publishing Co., Ltd.
Korean translation copyrights © 2025 by Somy Media, Inc.

이 책의 한국어판 저작권은 저작권사와의 독점 계약으로 ㈜소미미디어에 있습니다. 저작권법에 의해 한국 내에서 보호를 받는 저작물이므로 온·오프라인에서 무단복제와 전재, 스캔 및 공유를 금합니다.

의 상 협 력	XU DOG	81-6-6538-8769
	nmtc +	81-6-6538-8769
	SUPPLIER	81-3-5774-7702
	Theater code	https://rooptokyo.com/
	New Era®	https://www.neweracap.jp/

촬 영 협 력 　En Dance Studio

Agency　　　　　　주식회사 Natee WOWs
Representative Head　이성재
Agent　　　　　　　코바야시 나나
Photographer　　　아오키 노보루 (신초샤 사진부)
Stylist　　　　　　moena
Hair&Make-up　　타다토모 겐야 (Linx)
Composition　　　야마자키 에미코

ONE DaNCE

2025년 5월 29일 1판 1쇄 발행

저　　　자　YUMEKI
옮　긴　이　강민하
발　행　인　유재옥

이　　　　　사　조병권
출 판 본 부 장　박광운
편 집 1 팀　박광운
편 집 2 팀　정영길 조찬희 박치우
편 집 3 팀　오준영 이소의 권진영 정지원
디자인랩팀　김보라 전세연
콘텐츠기획팀　강선화
디지털사업팀　김지연 윤희진 장혜원
라이츠사업팀　김정미 이지현 유아현
영업마케팅팀　최원석 윤아림
물　류　팀　백철기
경영지원팀　최정연
발　행　처　㈜소미미디어
인쇄제작처　코리아피앤피
등　　　록　제2015-000008호
주　　　소　서울시 마포구 토정로 222, 502호(신수동, 한국출판콘텐츠센터)
판　　　매　㈜소미미디어
전　　　화　편집부 (02)567-3388
　　　　　　판매 및 마케팅 (070)8822-2301, Fax (02)322-7665

ISBN 979-11-384-8681-1 (03810)

*책값은 뒤표지에 있습니다.
*파본은 구입하신 서점에서 교환해드립니다.